读懂广州

Understanding Guangzhou

广州出版社
GUANGZHOU PRESS

文学里的广州 · 散文

江冰　吴琪　编

五羊石像

《广州日报》供图

镇海楼

一江两岸

《广州日报》供图

总序：从读懂广州到读懂中国

“十丈珊瑚是木棉，花开红比朝霞鲜。”羊城广州，一座繁花似锦的国家历史文化名城，也是海上丝绸之路发祥地、近现代民主革命策源地、岭南文化中心地及改革开放前沿地。作为岭南首府，广州自古商贸兴盛，人才荟萃。早在七八千年前，先民们已在这里辛勤耕耘、繁衍生息；唐宋时期，广州成为中国最早对外通商的城市、蜚声国际的贸易口岸；清代更肩负着“一口通商”的重任，千帆竞渡，商贾云集。新中国成立伊始，广州是连接中国与世界的“南大门”，是对外贸易的重镇，“南风窗”的称号名扬四海；改革开放以来，广州一直是走在改革前列的排头兵、对外开放的桥头堡，“敢为天下先”“敢饮头啖汤”的勇气和拼劲为人称道；进入新时代，广州再次勇立潮头逐浪前行，被赋予高质量发展的领头羊和火车头职责使命，奋力谱写实现老城市新活力、“四个出新出彩”的崭新篇章。

广州的历史厚重磅礴，广州的精神大度从容。站在新的历史起点上，如何通过读懂广州这座城市历史文化背后蕴含的中国精神、中国智慧、中国力量，更好读懂粤港澳大湾区、读懂中国，并在此基础上坚定文化自信自强，激发文化创新创造活力，推动文化发展繁荣，为建设社会主义文化强国、建设中华民族现代文明作出更大的广州贡献，这是一个值得深入探讨的命题。“读懂广州”书系之《文学里的广州》选择从文学作品的视角，试图解读这座历史文化名城的辉煌。千百年来，在这片热土上产生了一大批有强大生命力的文学精品，勾勒出一幅立体的广州“清明上河图”。要让这种生命力永不衰竭，就必须在继承的同时，坚持创造性转化、创新性发展。这也是出版“读懂广州”书系的初衷——从这里，读懂广州，并继承它开放包容、务实创新的文化品格。这种品格是历史留给广州的宝贵财富，也是人文湾区生生不息的精神动力。

文学是文化的核心，文化是城市的灵魂。《文学里的广州》围绕广州城市历史脉络，按照诗词、散文、小说、杂记四种体裁收录不同年代的名家名作。所选作品均以广州为背景，彰显历史、经济、民俗等领域的万千气象，富有浓厚的“广州特色”，将岭南传统文化之美与现代文化之新共融互通、交相辉映。每一篇作品都是一束炽热的光，能够穿越时代与今天的读者共情交流，让人们感受广州的文化力量。

朱光同志在《望江南·广州好》中写道：“广州好，凭眺越王台。千里江山来眼底，十年生息入诗裁。云海一天开。”抚今追昔，展望未来。从镇海楼到广州塔，从白云山到海心沙，广州凭借丰富的历史文化积淀、得天独厚的人文优势，走出了一条熠熠生辉的非凡之路。如今，广州正全面推进文化强市建设，这是弘扬红色文化、岭南文化、海丝文化、创新文化的时代亮点，也是中华民族文化自信自强的生动体现。期待这套书能成为一张城市文化名片，让人们领略老城焕新颜的独特魅力。

是为序。

“读懂广州”书系编委会

编者的话

散文彰显着作者独立的个性，展现着作者内在生命世界的丰富性。作者通过主观能动性，链接了现实世界和精神世界，通过散文对客观世界进行思考，对心灵世界进行洗礼。所以，散文既有对现实生活的呈现，也有对思想内涵的文化解读。由于散文是作家面对现实的真实表达，它常常能够近距离无障碍地直抒胸臆。我们希望能够通过《文学里的广州·散文》，接近广州这座古城的真相和个性气质。鉴于此，本书在篇目选择上也把握了现实性和精神性两大特点：一是从反映现实的角度，选择能呈现广州这座城市发展脉络的作品；二是从表现精神的角度，选择能体现广州地域特性和文化个性的作品。广州是一座有着两千多年历史的古城，位于“南方的南方”，背倚五岭，面向大海。特殊的时间、空间既使羊城广州别具风采，也决定了其特殊的历史进程。本书试图从四个方面——羊城时间、广州空间、岭南四季、烟火日常，展现广州的历史轨迹、城市场景、热带节气、文化个性。

第一篇章，羊城时间。通过梳理广州历史脉络，以时间轴，纵向贯穿广州两千多年的历史，书写广州城市的发展变迁。在作品选择上既有名家，如鲁迅、余秋雨，也有获得广东文艺终身成就奖的章以武，以及广州本土作家陈俊年、杨文丰、魏微、罗丽等，通过讲述广州的历史，展现广州的城市记忆。

鲁迅从“迷信”的角度写出老广州的风土人情，行文时不自觉与江浙做对比，突显出异乡人笔下不一样的老广州风情。余秋雨从文化历程角度指出“广州始终是北伐的起点”，肯定了广州这座城市对北方文化的影响。章以武用对话体，以电视机为主线，以小见大折射出老广州的发展变迁。陈俊年以历史事件为链接，肯定广州这座城市的历史地位。杨文丰以“英雄树”为切入点，从红色记忆写到生态发展，寓意深刻，内涵丰富。魏微从女性视角用“婚恋”意象比拟和广州的关系，书写了一段与这座城市唯美纠缠的“恋爱故事”。罗丽用自己创作舞剧《醒·狮》时的生命体验引出三元里抗英故事，讲述关于广州和广州人的故事。正如罗丽自己所言：“我尝试着和广州这座城市聊聊天，也尝试着把这座城市的故事告诉他方的朋友，让这些故事传得更远，期待故事里的人能走进观众的心里。”

第二篇章，广州空间。通过广州的空间元素体现广州的城市场景，挖掘不同场域下的广州城市样貌。选取了具有代表性的广州空间场景，如白云山、珠江、海珠桥，还有以骑楼街巷为特点的北京路、盘福新街。从化温泉作为休闲避暑胜地，也是广州的一大特色。万木草堂是中国近代资产阶级维新派创办的著名学堂，在宣传新思想方面起到重要作用。

曾炜笔下的海珠桥见证了广州的城市发展，记录了新中国成立前后广州的变化，无法抑制的兴奋喜悦随着海珠桥的扩宽、新建而抒发开来，“海珠桥的修建、炸毁、修复、扩建的历史，像一条线，贯串了一个历史时代的辛酸、苦难；喜悦、向上。它将为我们作证：旧社会，苦难深重；新社会，欣欣向荣”。杨干华对珠江水追根溯源，探究粤人与水的渊源，从饮茶习惯到疍家一族再到珠江绿洲，肯定了水在广州地域的重要性，以珠江水写珠江文化。钟敬文以五层楼（镇海楼）、小港桥、松岗、荔枝湾、红花岗、广雅书院石桥六个广州标志性建筑为中心向四周辐射，描绘一幅幅羊城风景图，探究历史文化，并以诗歌写意抒情。关振东通过与杨干华不同的笔触和视角描写珠江，以自己夜游珠江所见所闻的真实体验为着眼点，描绘了月色下珠江两岸的自然风光，写作视角随着目之所及不断变化。文中不仅生动形象地刻画了自然风光，也讲述了建筑背后发生的历史事件，体现了其文化内涵。

刘斯奋抓住北京路的“古代地域位置”“文化古迹”“最繁华的商业步行街”三个点，肯定北京路“好嘢”！通过古今演变展示出北京路的发展变化，以小写大，展现大时代大背景下的城市变迁。张梅以回忆的笔触道出了盘福新街对她的生命意义。这条街道是很多老广州人的共同记忆，即便已经随着现代化进程消失，但人们对故土的记忆依然挥散不去。老宅和老宅的人都是作者对这座城市最深的眷恋。卢锡铭写“寺贝通津”，从街名切入，写到街内园林建筑风格，落脚核心在写建筑使用者的故事，以写物而写人，以写人而写史。

第三篇章，岭南四季。通过把握广州四季的特点，体现热带节气下不一样的广州四季风貌。广州受地域的影响，四季不够分明，所以提到广州的四季，人们必然会想到“鸟语花香”。

老舍身居北京，看到家中先天不足的小花便回忆起在广州居住一个月时“大街小巷，院里墙头，百花齐放”的场景，以对比的方式感叹广州花繁叶茂，表达对广州朋友的羡慕之情。老舍表面是回忆广州的花，其实是想念广州的朋友——“一想起花木，也就更想念朋友们”！周瘦鹃以逛花市为引子，引出在广州过春节的乐趣，对花市的描写虽然笔墨不多，却很精彩。

秦牧的《花街十里一城春》刻画细致，精细化的笔触将花体形状、轮廓、颜色及种花心得传神写出，展现出广州花市特有的风情。文段最后延伸表达出对文化的深层次思考，增加了作品的思想性。华嘉将视角放在了广州的夏夜，选取有代表性的荔枝湾游艇夜游的场景近距离刻画，描摹出一幅充满情趣的荔枝湾夏夜图景。徐南铁的《广州人的水之缘》从广州人的饮食习惯写到生活习惯，道出“水”和广州人的渊源，进而引出“广州的雨”，广州浓郁的市井气息在他的笔下扑面而来。王美怡以“素馨花”为切口，以小见大，将一段段广州花语串联起来，诉说着广州的故事。陈典松通过汉代大学者杨孚的故事，道出广州飞雪的罕见奇观；通过杨孚与汉和帝的对话，引出岭南文化和中原文化的关系。这个故事历来为广州人所乐道。

第四篇章，烟火日常。主要从日常生活中突显广州的烟火市井气息，体现广州的文化个性。广州既有“烟火气”，又有“市井气”。“烟火气”反映出寻常百姓的生活状态，而“市井气”除了反映百姓的生活状态外，还反映出这座城市的城市特质、市民精神和市民性格。这座城市的老街老巷、市井文化、市民精神消失后，广州话也可能会消失，那时广州会变得如何？在这一篇章中可以找到答案。

冰心在《给广州的朋友》中说到广州城市丰富多彩，发展变化也快。她讲述了自己参观农民运动讲习所的经历，并以此提出寄语，相信祖国的万水千山“也都和美丽雄伟的广州一样，在飞跃地发展变化”。巴金用几个小节从不同侧面书写广州印象，写出了这座城市的温度，“广州是一个阳光常照的温暖的都市，假若我们爱春天爱太阳的话，那么广州还是一个值得我们留恋的地方”。黄天骥从广州人的煲汤习惯切入，展现了广州人精细的生活态度，也将浓浓的人情味融入汤中——“汤中蕴含着浓浓的儿女之情、亲子之爱”。范若丁写“食粥”，从“粥文化”表现广州的饮食特色，描写翔实，令人感受深刻。蒋述卓从第二故乡的视角表达了对广州深深的情愫。异乡人在这里找到了归属，对“桥”的情有独钟、现代化的生机活力都成了他爱上广州的理由，并突显出这座城市对人的精神建构的满足——“我走入广州的三十年日子，广州也走入了我的生活”。

张欣《喜欢广州的理由》正如文章标题所述，简单明了地罗列了二十五个喜欢广州的理由，从物质层面到精神层面体现了广州城市的便捷和特有的文化个性。黄爱东西在《西关的味道》里讲述了广州独有的市民文化：不爱管闲事、低调、务实，写出了岭南文化熏陶下的广州人个性。江冰从“食在广州”的角度细致入微地描绘了多种广州美食，包括食材选择、烹调方法、佐料配搭，以生动灵巧的笔触行云流水般写出了广州人的饮食文化。宋晓琪从自家花园的花花草草写起，侧面展现了岭南地域的植物样貌，表达了对广州的热爱。钟晓毅跳跃式发散性地选取了“仙草”“太平馆”“致美斋”等老广州元素，展现了城市发展变迁下广州人新的生活理念。陈启文从打工者的视角书写生命体验，“对于广州，或许我只是一个失败者，一个匆匆过客，但我感到有许多难以言说的东西渗透了自己，她的沉潜与隐忍，她浓烈馥郁的人文意蕴和独放异彩的城市景观，她深情的召唤和对你意志的磨炼，都已深深地渗透进了我的生命，一直渗到心的尽头。尽管我最终未能找到让自己进入这座城市的生命通道，但在远离这座城市之后，我依然觉得离她很近”。

情感真挚，情思细腻，容易引起共鸣。

广州孕育出广州文化，广州人正是在广州文化的熏陶下成长，四个篇章从不同角度全方位、立体化地展现了广州这座城市的发展变迁。老广州、新广州，古今、新旧迭代，更迭的不仅仅是历史，还有永远抹不去的文化记忆。广州独有的精神建构是其他城市无法比拟的，广州人也活出了自己的文化风貌。城市的元素和文化的元素相融相渗透，远远不只这些篇章所表现出来的，编者力求通过此书让读者对广州有一个基本的认识。“这座城，把所有人变成了广州人”——这正是这座城市的最大魅力。

江冰　吴琪

目录

羊城时间：历史轨迹

扫码可听名家诵读有声书

广州空间：城市场景

岭南四季：热带节气

烟火日常：文化个性

羊城时间：历史轨迹

《如此广州》读后感

鲁迅

“然而广东人的迷信却迷信得认真，有魄力，即如那玄坛和李逵大像，恐怕就非百来块钱不办。”

作者介绍

鲁迅（1881—1936），中国文学家、思想家和革命家。原名周树人，字豫才，浙江绍兴人。出身于破落封建家庭。1902 年去日本学医，后从事文艺工作。1909 年回国，先后在杭州、绍兴任教。1918 年 5 月，首次用笔名“鲁迅”发表中国现代文学史上第一篇白话小说《狂人日记》。著有《呐喊》《坟》《彷徨》《野草》《朝花夕拾》《故事新编》《而已集》《南腔北调集》《伪自由书》《准风月谈》等。

前几天，《自由谈》上有一篇《如此广州》，引据那边的报章，记店家做起玄坛和李逵的大像来，眼睛里嵌上电灯，以镇压对面的老虎招牌，真写得有声有色。自然，那目的，是在对于广州人的迷信，加以讥刺的。

广东人的迷信似乎确也很不小，走过上海五方杂处的衖堂，只要看毕毕剥剥在那里放鞭炮的，大门外的地上点着香烛的，十之九总是广东人，这很可以使新党叹气。然而广东人的迷信却迷信得认真，有魄力，即如那玄坛和李逵大像，恐怕就非百来块钱不办。汉求明珠，吴征大象，中原人历来总到广东去刮宝贝，好像到现在也还没有被刮穷，为了对付假老虎，也能出这许多力。要不然，那就是拼命，这却又可见那迷信之认真。

其实，中国人谁没有迷信，只是那迷信迷得没出息了，所以别人倒不注意。譬如罢，对面有了老虎招牌，大抵的店家，是总要不舒服的。不过，倘在江浙，恐怕就不肯这样的出死力来斗争，他们会只化一个铜元买一条红纸，写上“姜太公在此百无禁忌”或“泰山石敢当”，悄悄的贴起来，就如此的安身立命。迷信还是迷信，但迷得多少小家子相，毫无生气，奄奄一息，他连做《自由谈》的材料也不给你。

与其迷信，模胡不如认真。倘若相信鬼还要用钱，我赞成北宋人似的索性将铜钱埋到地里去，现在那么的烧几个纸锭，却已经不但是骗别人，骗自己，而且简直是骗鬼了。中国有许多事情都只剩下一个空名和假样，就为了不认真的缘故。

广州人的迷信，是不足为法的，但那认真，是可以取法，值得佩服的。

首次发表于《申报·自由谈》1934年2月7日

五城记·广州

余秋雨

“即便在最动荡的年月，广州的花市也未曾停歇。就像广州人喝早茶，天天去，悠悠然地，不管它潮涨潮退、云起云落。”

作者介绍

余秋雨（1946— ），浙江余姚人。历任上海戏剧学院院长、教授，上海戏剧家协会副主席。在海内外出版过史论专著多部。著有《文化苦旅》《戏剧理论史稿》《戏剧审美心理学》等。

终究还得说说广州。

前年除夕，我因购不到机票，被滞留在广州。许多朋友可怜我，纷纷来邀请到他们家过年。我也就趁机，轮着到各家走了走。

走进每家的客厅，全是大株鲜花。各种色彩都有，名目繁多，记不胜记。我最喜欢的是一株株栽在大盆里的金桔树，深绿的叶，金黄的果，全都亮闪闪的。一位女作家顺手摘下两枚，一枚递给我，一枚丢进嘴里。她丈夫笑着说："不到新年，准被她吃光！"而新年就在明天。

那天下午，几位朋友又来约我，说晚上去看花市，除夕花市特别热闹；下午就到郊区去看花圃。到花圃去的路上，一辆一辆全是装花的车。广州人不喜爱断枝摘下的花，习惯于连根盆栽，一盆盆地运。许多花枝高大而茂密，把卡车驾驶室的顶都遮盖了，远远看去，只见一群群繁花在天际飞奔，神奇极了。这些繁花将奔入各家各户，人们在花丛中斟酒祝福。我觉得，比之于全国其他地方，广州人更有权利说一句：春节来了！

可惜，从花圃回来，我就拿到了机票，立即赶向机场，晚上的除夕花市终于没有看成。

在飞机上，满脑子还盘旋着广州的花。我想，内地的人们过春节，大多用红纸与鞭炮来装点，那里的春意和吉祥气，是人工铺设起来的。唯有广州，硬是让运花车运来一个季节，把实实在在的春天生命引进家门，因此庆祝得最为诚实、最为透彻。

据说，即便在最动荡的年月，广州的花市也未曾停歇。就像广州人喝早茶，天天去，悠悠然地，不管它潮涨潮退、云起云落。

以某种板正的观念看来，花市和早茶，只是生活的小点缀，社会大事多得很，哪能如此迷醉。种种凌厉的号令远行千里抵达广州，已是声威疏淡，再让它旋入花丛和茶香，更是难以寻见。“广州怎么回事？”有人在吆喝。广州人好像没有听见，嘟哝了一声很难听懂的广州话，转身嗅了嗅花瓣，又端起了茶盏。

广州历来远离京城，面对大海。这一方位使它天然地与中国千年封建传统构成了逆反。千里驿马跑到这里已疲倦不堪，而远航南洋的海船正时时准备拔锚出发。

当驿马实在搅得人烦不胜烦的时候，这儿兀兀然地站出了康有为、梁启超、黄遵宪、孙中山，面对北方朗声发言。一时火起，还会打点行装，慷慨北上，把事情闹个青红皂白。北伐，北伐，广州始终是北伐的起点。

北上常常失败。那就回来，依然喝早茶、逛花市，悠闲得像没事人一样，过着世俗气息颇重的情感生活。

这些年，广州好像又在向着北方发言了，以它的繁忙,以它的开放，以它的勇敢。不过这次发言与以前不同，它不必暂时舍弃早茶和花市了，浓浓冽冽地，让慷慨言词拌和着茶香和花香，直飘远方。

像我这样一个文人，走在广州街上有时也会感到寂寞。倒也不是没有朋友，在广州，我的学生和朋友多得很，但他们也有寂寞。我们都在寻找和期待着一种东西，对它的创造，步履不能像街市间的人群那样匆忙，它的功效，也不像早茶和花市，只满足日常性、季节性的消耗。

选自《文化苦旅·五城记》，东方出版中心，2006 年版

电视机咏叹调

章以武

“原来，这电视机的功能不仅仅是看节目呢，它还是现代人系统工程建设中的一环。”

作者介绍

章以武（1937—　），浙江宁海人。曾任广东省作协副主席、广州市作协主席、广东省人民政府文史研究馆文学院副院长。著有电影文学剧本《雅马哈鱼档》（合作），电视连续剧剧本《南国有佳人》《心天一角》《情暖珠江》《爱的结构》，电视专题片《历史的见证》，话剧剧本《三姐妹》等。

十年前，一个骄阳似火、暑气蒸腾的下午，我大汗涔涔，小心紧张地推着自行车，穿过熙熙攘攘人流如鲫的北京路，不时地回过头，瞧瞧尾架上的那个精致的纸皮箱。跟在车后当保镖的妻子笑盈盈地飞给一个眼神：没事，挺安全的。是的，很好，太棒了，我也有一台日立牌 12 吋[1]黑白电视机了，刚刚买的，花了整整 500 元哩。

我的心怦怦然，将乳白色的“宝贝心肝”端放于大床中央（寒碜，那时斗室之中连个五斗柜也没有），然后移过一张小方凳，坐在那里，眯眯眼，瞅着这个尤物。嗯，乳白色的电视机，分明凝聚着日本海澄碧的波光和富士山明丽的山影。哈，这玩意儿比看连环画有劲多了，想象中的画面一定是俊逸飞动呵！

妻瞧我这番傻气说：“何不接上电源先睹为快？！”

“别急，莫动！一会，找个内行的！”

“这有什么内行外行，看一遍说明书，不就得啦！”

“嗨，就这么欣赏欣赏不挺好。啊，满室生辉，你感觉到了吗？”

“我感觉不到！”

“你也坐下嘛，等儿子从幼儿园回来，合家欢！”

“好吧，你最好将它搂在怀里！”妻友好地揶揄敝人。

---

1. 吋：英寸的旧称。1 吋为 2.54 厘米。

莫见笑。十年前，对穷教书匠一介的我，舍得血本，买台 12 吋回来，实在是件大事。实在是爱子心切！有一次，五岁的儿子号啕大哭，上气不接下气奔回家来，呼叫道："爸爸，爸爸，他们不开门，不让我进去看电视！"我听了好不心酸，细细一想也不能责怪邻居，孩子不懂事，晚晚去，好烦人。我把儿子拉进怀里："别哭，乖，爸爸买，爸爸说话算数，爸爸下定决心，排除万难，明天就抱个电视机回来，让我的乖儿子看个够！"

我的新买的 12 吋，当晚就开张大吉了，小客人还真不少。为增加"节日"气氛，妻还将一包包巧克力糖豆分给小朋友们。我呢，乐滋滋地抽着烟，站在房门口，激动得心神不定，与其说看电视不如说陶醉在这美妙的氛围之中。后来，换了 17 吋的黑白机，换了 18 吋的彩电，换了 24 吋方角遥控彩电，都没有这样激动过，都没有出现过瞬间的感情的辉煌了，这倒不是我薄情，而是初恋"情人"最难忘啰，人世间，最可贵的是第一次的体验！

说来凑巧，不几日，我去探望出版社的一位学识渊博，为人坦诚，家境寒素的老编辑邝兄。咦，他也买了一台电视机，9 吋的。他告诉我，当晚，盛况空前，不到十平方米的小厅里，前前后后来看"新媳妇"的，竟达 30 多人次！他告诉我，是夜他失眠了。我理解他那悠悠的心。这小小的 9 吋的荧屏，不正是春之瞭望台吗？！那激越的充满生命力的奔腾不息的春水，不顾冰雪严寒，翻山越岭，一路呐喊，一路欢歌啊。我想，他一定会有这诗，这画，这心境。

“邝兄，这失眠值得！”

“值得，值得！”他浓重的四川口音里，夹着几多欣喜。

附带补充一点，前几日出版局的俊年说：“你知道花城出版社谁家电视机的尺寸最大？”我摇摇头。他来神了：“邝大哥家拥有最大的尺寸量！”

“大33吋？”

“超过超过！我算给你听，最早的是那台产生过‘轰动效应’的9吋，后来晋升了，买了一台分期付款的黑白17吋，后来一位老友送给他一台八成新14吋彩电，再后来朋友出国让了一台18吋彩电。济济一堂，手心手背都是肉，一个也舍不得处理，所以，你算算，加起来一共有多少吋？”

俊年一席话，真是耐人寻味。

我说：“通常，人都有个毛病——喜新厌旧，邝兄与众不同，不简单！”

俊年：“是的，也许每一台电视机里都有一个故事，都有一段心曲，都有无法替代的风韵与情怀。啊，怀旧也是人的美德！”

有道理，说个怀旧的小故事——

广州人民北路广东画院旁边有个湖边新村（最近拆

了，建摩天高楼），里边住着一群闻名遐迩的艺术家。十年前，那里的一位德高望重的版画大师，劫后余生，买了一台9吋黑白电视机，惹得新村里的人奔走相告，雀跃不已。大师健谈又好客，所以来观赏电视节目的观众“爆棚”。大师的邻居是位雕塑大师，他的儿子好腼腆，好羡慕，心里直打鼓，真想去电视机前站一会，领略一番这“现代魔女”的魅力，但又不敢造次，只得推开窗户，拿起望远镜，怯生生地透过夜色中婆娑的树影，直向对面影影绰绰的荧光屏逼视。日久天长，版画大师的老夫人纳闷了，为何总有人偷看她？一日，她相告老伴：“我都这么老了，有什么好睇的？！”老伴听了哈哈大笑：“老太婆，有没搞错，别自作多情，绝对没人偷看你的！”这则笑话，让人笑了之后就想哭！

呵，岁月流逝，物换星移，当年手执望远镜窃看9吋电视的少年人，如今一定是翩翩英俊好儿郎了，该不会忘记，该会珍惜这让人酸涩而又动人的一幕。

我曾把这故事说给15岁的似懂非懂的儿子听。他扔过一句话：“老得没牙啰！”我一愣，年轻人对陈芝麻烂谷子不感兴趣，其实不然。

友人出差，从中原大地归来，神聊中说了一桩趣事——

某市，周末，鼓楼下，母女俩手拉手而行。

母：“星期六晚，有两件好事，只许挑一件。”

女儿抬起脸："说吧，我保证只选一件。"

母："一是包饺子，二是看彩电。"

话音未落，女儿高声嚷道："我要看彩电，我要看彩电！"

友人为人严谨，说得认真，我听得也入神。在这率先沐浴改革开放之风的广州，这类事恐怕罕见；但对于靠紧衣缩食，积聚一两年才买回一台彩电的黄河边的寻常百姓来说，对爱女如此"苛刻"也是情理之中的事了。这不禁使我想起两年前回故乡上海，去朋友家做客，看彩电时，女主人煞有介事，将窗帘拉得严严的，我颇感诧异，怎么像搞地下斗争似的。朋友立即解释："免得闲言碎语。说我家钞票多。"哦。好一阵子，我的思维才拐过弯，悟出一点道理。我想，我们这些广州、深圳住惯了的人，假如以这儿的消费标准、行为准则、思维方式去观察别处的事物，那结论可能是不客观的。透过人们对于电视机的种种心态去了解偌大的960万平方公里的国情，颇有意思哩。

一年多前，我家用的是一台18吋彩电，我心满意足了，看菜吃饭，并无"改朝换代"的念头。不料，几位先富起来的熟稔的朋友一到吾家就指指点点了。"何不换台大彩电"这类话听多了，听出道道了，原来，这电视机的功能不仅仅是看节目呢，它还是现代人系统工程建设中的一环。啊，做人难啰，做靠工资吃饭的广州人更难啰！妻子从非洲"援外"回国，客厅里始有一台方角24吋彩电。

儿子还不无遗憾呢："买台33吋嘛，我们同学家就有。"我听了，手一挥："行了，少攀比，你们这些小子最好去农村跟三个月牛尾巴回来才有发言权！""啊，亲爱的爸爸，我什么地方惹了你了？"是的，是的，儿子什么地方惹了我呢？他只是以现在后生仔的逻辑，说了他想说的话。不过，他倒触发了我的那条"爬格子"的神经，似乎可以奏一曲《电视机咏叹调》了。

选自《章以武作品选》，广东人民出版社，2014年版

南边的岸（节选）

陈俊年

“珠江满腹力量，却悄然涌动，从不大肆张扬，亦不大抛浪头。”

作者介绍

陈俊年（1949— ），广东兴宁人。中国作协会员，曾任广东省作协副主席。著有散文集《初夜》，获广东鲁迅文学奖。

如果说，广东众多的水岸构成了一首雄浑的交响诗的话，那么，流经广州的珠江河段，便是它最亮丽、最迷人的“诗眼”了。江是珍珠江，堤是翡翠堤。无数古老骑楼和现代化大厦延绵成奇观万千、气势恢宏的岭南建筑博览。江中游轮与岸上飞车，互为活动景，相看两不厌。入夜，最是华灯璀璨时，珠江闪闪飞秋波，两岸胸前佩项链，五座大桥如五条过江金龙，直搅得满河流光溢彩。那楼顶射出的道道激光，像一支支激情迸发的晶莹彩笔，在蔚蓝的夜空上，抒写着南国大都市的现代美、神奇美。

沿江漫步，十里长堤是一条历史长廊。从西段到东段，处处史迹，历历可数：列强蹂躏，沙面曾流下痛如沙粒掺眼的满面泪水。英烈拼死，无数血肉之躯铺筑成那条六二三路。震撼世界的“省港大罢工”，当年的总指挥部就设在天字码头北拐的越秀南。鲁迅先生当年来穗讲学，其寓所白云楼便正对着现今的江湾大桥。海珠桥被敌机炸断过，但炸不断解放大军沿着解放路南下挺进。“海珠丹心”是人民的胜利象征。那尊英雄塑像，以其钢枪护着鲜花的细节刻画，昭示着南国花城的成因真谛。再顺着潮流向东走去，涛声阵阵，你听得见珠江的深情歌唱和自豪诉说：邓小平“画了一个圈”和“写下诗篇”，当代中国改革开放史上的这两大极其重要事件，都恰恰发生在珠江入海的东西两岸；而指引着中国现代化伟大进程的“三个代表”重要思想，其首次公开而完整的表述，也正是在沿江路东端珠岛宾馆的一个会议室里。这就是，为什么珠江最早由衷地唱响《春天的故事》和《走进新时代》，引来万水千山齐应和！

人们常说，天空给人以哲学的联想，其实，江水也予人以思想的启迪。一方水土养一方人。广东人开放包容的情怀，也委实与珠江的形态大有干系。你看，珠江，够奇特了，它没有统一的发源地，也没有共同的出海口。珠江水系是一个由西江、北江、东江及珠三角诸河汇聚而成的复合水系，它流经滇、黔、桂、湘、赣、粤六省（区），从而形成支流众多、水道纷纭的特征，并在珠江三角腹地漫流成网，最后更自由奔放，分由虎门、蕉门、洪奇沥、横门、磨刀门、鸡啼门、虎跳门和崖门八大口门流入南海。而且，一路来从不讲究名分的一以贯之，直至流经美丽的广州，它才亮出珍珠镶成的美名。这就是珠江的务实与睿智。沿江漫步，你还会发现，珠江水亲近人，垂手可掬，不像别的大江之水，不是拒人于外，就是深不可及。珠江满腹力量，却悄然涌动，从不大肆张扬，亦不大抛浪头。因为潮汐的作用，向往大海的珠江，从不歇脚，永不自满，每天都无私地奉献出拥有的一切，又欣欣然接纳着新来的一切。凭栏临风望珠江，几多感慨，几多感激。珠江滋养了千古羊城，美化了锦绣花城，丰润了金色穗城，激活了广东人的思维与情性。珠江，我们的母亲河呵！

徜徉珠江两岸，挚爱地说，也不免另有一些感慨。比方，近年新建的楼宇，总嫌它过于零散，且造型呆板，除了会展中心，百看不厌的建筑物太少了。再说，江面上不见帆影，也很遗憾。须知，帆，是悬亮于水面的诗篇。试想想，若有一叶叶轻舟，或是沿江卖花的小艇，又或是备有艇仔粥解馋的观光小船，远远望去，都悬有飘动的风帆的话，江面会变得多么生动，多么有趣，那该是珠江扬起的旗帜，该是寄达心灵的明信片吧？！另外，夜来伫立江岸，抚摸着金星米黄花岗岩栏杆之时，我真渴望，那栏杆脚下或花卉丛中，隐藏有现代音箱，有一阵阵妙曼的广东音乐飘逸而出，有动人心弦的《雨打芭蕉》《平湖秋月》或是激越明快的《赛龙夺锦》……

踏遍南边的岸，最难忘新近的春雨夜，我路过广州二沙岛，行至美术馆与音乐厅之间，抬头一望，只见冼星海昂然挺立在风雨之中。其时，风正狂，雨正猛，迷迷蒙蒙中，分明见冼星海泪流满脸，大汗淋漓。真是神奇之遇。想不到这位写下不朽的《黄河大合唱》的珠江之子，竟在此时此岸，仍又振奋双臂，指挥着当前的珠江大合唱！

啊！此岸是起点，长岸当强弓。

啊！愿广东之舟疾飞如箭直射向理想的彼岸……

选自《羊城晚报》2003 年 3 月 20 日

英雄树——自然笔记

杨文丰

“落叶开花飞火凤，参天擎日舞丹龙。”

作者介绍

杨文丰（1957— ），广东梅州五华人。中文二级教授，国家一级作家，中国作协会员。作品被选入《中外生态文学作品选》。曾获第七届老舍散文奖、第四届冰心散文奖、第六届在场主义散文奖、第五届全国优秀科普作品奖、首届林语堂散文奖、《散文选刊》首届“华文最佳散文奖”和《人民文学》游记奖等。

英雄树也是生态异化的消息树。

——手记

• 一

近日，重读北岛写于上世纪七十年代的诗句："在没有英雄的时代/我只想做一个人。"（《宣告》），感慨良多，今天在我们羊城，英雄还是有的，而且还包括树，即羊城的市花——英雄树！

英雄树也叫木棉树，最早称木棉为"英雄"的，是清人陈恭尹，他在《木棉花歌》里高唱木棉花。文章家叶灵凤先生的文章让我知道，古代，木棉花称史候花。翻阅案头的《本草》，却连木棉条目也没有，想来更不会有"英雄树"的条目，大抵是木棉树原产印度，在我国，也主要分布在云、贵、川、赣、闽、两广和台湾等地，想来时珍老先生未涉足这些地方，殊非一时疏忽。

颇具阳刚之美的英雄树，何以也叫木棉树呢？你剥开其籽壳，倒是可见籽内蕴着棉絮般的绢状纤维，木棉絮不能纺纱，可千斤压顶不弯腰，既耐高压，还不带一丁点杨花水性，以汤汤珠江水泡浸之，也不至于湿，这就难怪民间要用之做救生圈、做枕芯了。我家原本也有个木棉枕，含苦难年月的故事，惜乎妻不知情，在十多年前，擅自丢弃了。

洋溢奋发向上精神的红棉树是落叶乔木，生态境遇好时，长得巍峨雄伟，成年树高达 25 米的风景，并不少见；当今羊城耸立的木棉树，成年树几乎也是高出左邻右树的，“鹤立鸡群”。日前我读到报上一帧照片——一枝红棉出墙来，当然出的是高墙，却让人生出对另一植物出墙的联想，真殊为不敬。其实，纵不出墙，红棉树树干基部也还总生有密挺用于自卫的、尖而扁的瘤刺，至于幼树干，那始生的圆锥状粗刺，触之也扎手，不可抚摸，更不能拥抱——然而凭此，就能享有英雄树的美名？我很难完全说服自己，想其成为英雄树，必多有属于自然生态和精神生态的缘由。当时，正值童年的儿子，倒是为我寻出一条理由，很是庄重严肃，立意高远，他仰起童稚的小脸，就非常认真地对我说：“红棉花也可能是烈士的鲜血染红的！”

此想法，确颇合乎逻辑。辛亥年三月二十九日（1911 年 4 月 27 日），正是广州红棉花怒放的时节——木棉花总怒放于每年 3 ~ 4 月，孙中山领导的中国同盟会举行了震惊海内外的广州起义，战斗异常惨烈……今天长眠黄花岗的七十二位烈士，这些英雄温热殷红的热血，在当时，假如不是直接圣染一树树红棉花，也必浇染、圣化过红棉花生长的这片土地……

1959 年，广州市长朱光谒广州黄花岗七十二烈士墓，感慨神圣的热土，撰得《望江南 · 广州好》50 首，其中就咏：

广州好，人道木棉雄。
落叶开花飞火凤，参天擎日舞丹龙。
三月正春风。

这是将一棵棵火树红花的英雄树，咏为丹龙了！

丹龙不就是属火吗？

红棉盛开之时，树树花红，确如东方的红霞似火，在洋溢、高扬、彰显一派独家的英雄气！我想这不只是因其花总单生、形大，与深厚而热烈的国色中国红有关，这略泛浅而暖的橙色的红，你以手抚之，可感觉其柔软、质实，那质感有些粗糙，却是颇具弹性的红，深厚的红，从沉实走入深厚的红。酒，不是有火的性格水的外形吗？而木棉红，却既有火的性格更有火的颜值，百分之百就是有温度、有生命、有理想，浪漫张扬血性的红，是彻头彻尾、响遏行云的革命英雄主义的红！

你注意过吗？春天，英雄树总是"恪守传统"地先开花后绽叶，花萼革质，花瓣五枚，雄蕊多数连成五束，更重要的，是这红棉花狂放起来，并不忘初心，一直奉行群体英雄主义！我想该是每一棵红棉花皆明白，一花独秀不是英雄，尽管独花也红艳可爱，然总不及群花齐放、红花满树呼啸才更能张扬英雄气魄，更配称英雄树！你抬望眼，这火英雄群雕，在春鸟鸣唱声里，那众多的枝条，每一枝都简练而劲爽，每一枝都在摇红呐喊，在使着劲高耸呼呼燃烧的火，这不就是火在春天的狂唱？让南国春风更加温煦、醉人的狂唱吗？

英雄花，不禁让人想起激情如火的诗人，诗人屹立在春天的穹庐下，以如椽的红笔，醮春风，在将一行行火样的英雄红朝天幕写去……不是吗？红棉花就像岭南大地上的辛夷花，辛夷不就是木笔吗？高擎《女神》火把杀入诗坛激情如海的大诗人郭沫若，不就曾以辛夷作笔名吗？

• 二

我们已进入生态时代，面对红棉树，我总要想一个问题，即一种树被称为英雄树，是否与其一直逆常规总是先开花后绽叶有关？花与叶，以如此之顺序“问世”，不就是在表现英雄彪悍和断然的反潮流行为吗？

“红花总要绿叶扶”，在尘世，开花与出叶，无论对树对人，都是大事。

而这世上开花的植物，一般都表现出先出叶、后开花的“社会习性”，假如能开花的话……此等秩序，岂是能轻易改变的？！

自然社会，沧桑变迁，每一种植物的孕育、产生、进化和遗承，都是与生态环境长期磨合、互相认证的结果，是自然和社会锻造、选择、玉成的结晶，也是与自然、社会相互适应的神圣的结晶。

这是自然律，是难于改变的自然律！

毋容置疑，在大自然良善“母性态”下的每一种植物，都是生活在平常态的，一如古旧深井里的水，波澜不惊，平和自适。

好多年前，是一个冬夜，我专门观察过校园中的一株木棉树，现在看来，那当然就是生活于大自然“母性态”生活正常的木棉树，这是当夜的日记：

> 站在静静的木棉树下，透过树顶的稀疏望去，是一月轮和漫天月色，亮白白的，似一盘水银溅满了天空。这树的枝头，仍牵挂好些残留的老叶，伶仃的红黄赭色斑驳老叶，尚未落，却比数天前显得萎缩了许多，而这旧叶疏稀的景况，反衬出这树是那样的静谧、冷寂，却也显平常。日月如梭，光阴恒久。

这日记署时12月28日，是冬将尽、春将孕之时，是夜，那棵木棉，还未开花。

然而，生态环境仍在异化，被压迫、无奈而已无法适应环境，在开始改变自己的行为习性的，就包括已适应岭南气候的英雄树，在我写观木棉树日记的翌年，羊城的冬天，竟持续偏暖、干旱，气候反常，红棉树当然就有了敏感反应：花叶“出场”顺序颠倒——竟先绿叶招摇，尔后才红花怒放！校园里隔楼相望的那两棵木棉树，一棵春节前开花，另一棵则在元宵后几天才始着花，在彻底否定花叶生长的“优良传统”……一时间，羊城对此议论纷纷，报纸随即报道：羊城木棉树，不但提前开花，而且竟是先绽叶后开花！并且新花还异常勇烈地“前赴后继”——这是羊城人从未见的怪异现象！终于有植物学家站出在传媒发言，说这是异常的气候生态，致使木棉“营养生长”过旺，因为“早熟”而出现的现象……

英雄树，也难以适应这人的世界了。

英雄也难过气候变异关。

可是，这英雄树本身不也是药吗？作为药，可消炎去肿、祛风除湿、活血消肿、利尿解毒、散结止痛。

我们广东人就很喜欢将英雄花晒干后与猪脊骨一起煲汤，说可以解毒、清热、祛湿。

只是，伟岸的英雄树，又怎能治疗生态之殇？

而今，羊城之春又到了，英雄花在怒放。

“嚓！”

是英雄花在坠地。

只是其所坠入的，还是传统的正常的坠地时间吗？

我希望是……

选自《羊城晚报》2010 年 10 月 19 日

我与广州的前世今生

魏微

“概而言之，广州这几十年，是有点类似于历史上的纽约、上海、延安、芝加哥。究其原因，是它们的身后都站着动荡、理想、激情、可能性。”

作者介绍

魏微(1970—)，祖籍江苏。国家一级作家。著有《暧昧》《大老郑的女人》《化妆》《烟霞里》等。曾获第三届鲁迅文学奖、第二届中国小说学会奖、第十届庄重文文学奖、第九届华语文学传媒大奖·年度小说家奖、第四届冯牧文学奖及各类文学刊物奖。

我来广州晚了些，2005年，35岁。回望我和这个城市的关系，是有点像婚姻中的媒妁之言：一个偶然的机会，两个不相识的男女坐到一起，彼此看上一眼，印象尚可，于是对自己说，就是他（她）吧。也因此，我和广州的结合，起初是少一点浪漫主义的，我们是先“结婚”，后“恋爱”。

2004年底，经一个朋友牵线，我和广州的一个文化单位建立了联系，不久就见面了，一个月后举行“婚仪”。我疑心这可能是我一生中最重要的事情之一，落户一个从来不承想的城市——这样说似乎有欠公正。我将结束漂泊生活，如果不出意外，我将在这里落地生根，很多年后也在这里长睡不醒。

我记得我在少年时期，对广州曾有过几年“单恋”。我这一代的少年人，打小就有离家出走、飞身扑向大城市的冲动——越是小地方出生的越有这样的冲动。而当年的大城市，我看来看去只看得上广州，如果还有“之一”，我会加上深圳。须知，那是20世纪八九十年代的中国，我这一代人所理解的改革开放，是和这俩城市脱不了干系的。

我不知道当年是什么原因阻止了我向广州“投怀送抱”，后来我辗转南京、北京，一晃十几年过去了，以至于把广州忘得干净。我是落户这里以后，才想起从前的那回事：我对这城市曾怀有过激情，不妨说，那是一种狂热的单相思，像那个时代的绝大多数人，我渴望和它进行碰撞，撞个满怀。我想南下，下海，当一回弄潮儿——这全是那个时代的新鲜词汇——也许说到底，我只能去当一个女职员、打工妹、女学生，然而这又有什么关系呢？我将贴着时代的脉搏，与它同呼吸，共浮沉。——更准确的表达也许是，它浮了，我沉了。但是我不介意。

我幻想自己怎样离家出走，拎着大包小裹，中间几经周折，终于挤上了一趟南下的列车。我的视野突然开阔了，似乎我已经看见了，就在此时此刻，这个国家不知有多少趟南下的列车，发自北京、上海、成都、西安……中间停靠无数的小城小镇，也就是说，它们很有可能把全中国的有志者、梦幻者一咕隆咚全卷了，满载他们一路南下，南下。

多么壮阔的一幕啊，条条大路通罗马，在刚刚过去的二三十年间，我愿意这样设想，趟趟列车都奔向广州。我幻想自己就在这"时代的列车"上，蜷缩在一个角落里，我是那样一个羞怯的、满怀憧憬的姑娘，眼神直愣愣的，眼睛偶尔也会眨一眨。我的神情一定严肃之极，浑身充满紧绷绷的力量，即便睡着了，嘴角也会泛起微笑。一车厢的人全是这样的神情，痴痴的、直勾勾的、犹疑的、梦游一般的，或有微笑的、沉思的、打着瞌睡的。

昏暗的车厢突然一阵骚动，广州到了。是啊，广州到了。后来，每当我忆起这虚构的、我一生中并不存在的一刻，我都不能自已。这一刻，是背井离乡的欧洲人经过漫长的海上漂泊，遥遥看见自由女神像的一刻；这一刻，是革命青年奔赴延安，抬头看见宝塔山的一刻；这一刻，更像是百年前的乡下混混们初涉上海滩，幻想当“流氓大亨”的一刻。概而言之，广州这几十年，是有点类似于历史上的纽约、上海、延安、芝加哥。究其原因，是它们的身后都站着动荡、理想、激情、可能性。

很多年后，我落户广州，几次出入广州站，我都试图想象当年的情景，年轻的我站在出站口的风里，蓬头垢面，满面倦容。无数的人挤迫着我，我躲一躲，再躲一躲。一边护着行李，一边还要东张西望。我不知道要去哪里。一个男人倚着廊柱看我，我把眉头一皱，脸拉得老长，意思是，少来这一套，我是不会上当受骗的。因为在此之前，我已被多次提醒，人心叵测，世事难料。不要跟人搭讪，不要对视，不要回头。于是，我很果断地拎起行李，大踏步地，让自己消失在人群里。

我想说的是，我当然可以想象当年的场景，却再也没有当年的心境了，就是那种胆怯的，又是无畏的，又是危险的，脑子里一闪一闪的全是无意义的思想的小气泡。现在的我是个成年人，冷静，笃定，我已过了创业期，我来这城市不是为了奋斗，而是安居。广州给了我少年时代曾梦想的一切，光滑、舒适、漂亮，也许是太漂亮了，以至于我来这城市的最初几年，都不再有焦虑、渴望、痛苦。

我对万物都不再感兴趣了，虽然会装出感兴趣的样子。我都怀疑自己是否还有感情。

可是那天，我站在广州站的广场上，看着那些进出站口的外省人，看得久了，便恍惚觉得，我可以是他们中的每一个人。他们每个人都是从前的我啊，代替我实现了与这城市最结实、艰辛、活跃、难测的关系。而现世的我一旁站着，很遗憾自己不能代替他们。——某种意义上，我和广州的关系是因为这个建立起来的，像年少时失之交臂的情人，很多年后再结合，起始是需要许多艰难磨合的；一年年的相濡以沫，有一天自己都不期然地，发现我对它竟如此深情。

选自《珠江晚报》2017 年 9 月 16 日

城市记忆的唤醒与传承

罗丽

"创作过程也是作者面对人生、面对人性的一次内省，笔下的人物会成为镜子，照出镜花水月或无尘菩提。"

作者介绍

罗丽（1981— ），生于广州。广州文学艺术创作研究院副院长，国家一级编剧，中国文艺评论家协会理事、舞台评论委员会委员，广州市文艺评论家协会副主席兼秘书长。编剧作品有舞剧《醒·狮》等，出版专著《粤剧与广府文化》《粤港澳大湾区戏曲影视发展路径研究》等十余部。曾获中国文联文艺评论奖、"啄木鸟杯"中国文艺评论年度优秀作品等。

大约是 2016 年元旦，我接到广州歌舞剧院抛来的橄榄枝，问我有没有兴趣写一部以醒狮为题材的舞剧。对于主业从事本土文艺研究和戏剧评论的我，凭借着一名广州土著对本土文化的热爱和深情，不知深浅地一头扎进了舞蹈文学剧本的创作中。

一般而言，舞剧创作分几个阶段：

编剧属于一度创作，文学和戏剧范畴的主题立意、人物关系、故事情节，整个剧目起承转合的节点，基本在文学剧本创作阶段就会确立下来。

编导的二度创作，则是把文字形象化、具体化立在舞台上，需要考虑具体的舞台调度和人物行动线，舞蹈编导会根据舞蹈单双三群的铺陈做出具体的编排。

三度创作就是演员的表演和对角色的诠释，实际也考验演员的舞蹈功底和对角色的人物理解塑造能力。

在《醒·狮》之前，小舞剧《醒》曾获得广东省舞蹈大赛 7 个奖项。从 2016 年初起，总导演史前进，总编导钱鑫、王思思还有我，在小舞剧的基础上对这个题材不断讨论。这是一个交互的过程，其他几位更多地从舞蹈的角度进行考虑，我则会从戏剧及文学的角度切入。而影视观念的介入也使我们常常跳出舞台创作的常规来“陌生化”思考的角度，毕竟，现在的观众深受影视观赏逻辑训练，水平和感知度早与过去不同，套路和反套路之间如何把握，都是早期考虑的问题。

在创作采风之初，我和主创们来到位于广州老城区两千年老中轴线旁的广州工人醒狮协会，在民俗的基础上重新认识了醒狮——作为现代竞技体育的醒狮、作为血脉文化传承的醒狮、作为舞者精气神魄的醒狮。在两年不间断的采风过程中，我们也看到了广州城市化进程中的城中村少年，在醒狮文化的激励和熏陶下，在偏离人生轨道的泥潭里重新变得阳刚坚毅、富有冲劲。这样的体验使得我们真切抓住了那些曾经在脑海里“欲说还休”的部分，填补了生活中真实的醒狮、历史中曾经的醒狮以及那些舞狮人的精气神之间的间隙。

故事的发生地三元里原是广州北郊的村落，百余年后的今天已经变成广州大都市中街道一级的“城中村”。无论是三元古庙里高挂的三星旗、村中祠堂一直摆放着的狮头和大鼓，还是每年元宵节三元里庆典上的醒狮表演，是历史和现实让我们看到，醒狮的前世今生与三元里的交融。

我相信，以三元里和邻近四乡民众为主体的起义抗争运动之所以会取得胜利，既有偶然——大雨使英军的火枪无处发威，也有必然——尚武侠义的精神传统、保护家园的拼死一搏在历史中均有原型，例如爱国乡绅何玉成、巾帼侠女飞铊凤。所以，《醒·狮》确立以鸦片战争为时代背景，确立虚构的人物阿醒母子、龙凤兄妹和三元里抗英事件间的故事，是一个文化寻踪溯源的最终答案。这部舞剧所展示的百余年前的广州，正是不少观众的“乡愁”所系——对于“老广”而言是曾经熟悉的乡音乡情的回味，对于新广州人而言却是对这座城市生发的认同感，也是新的乡愁产生的起点。

在走访多地的采风中，在无尽史料的翻查追寻时，我在与编导们一次次的讨论磨合里，在无数次深夜无眠孤灯独对中，一次次地推翻重来。舞剧《醒·狮》就这样在我笔下慢慢呈现出故事的模样。作为文本的缔造者和人物的设计者，我穿过时空的烟云重返百余年前的广州城，和曾经在那个时空里的他和她对话。我很想知道曾经生活在同一片土地上的人们，在那样一个时刻的所思所想所感。慢慢地，我发现，与其说是要替他们说出百余年前广州城所经历的那些风雨飘摇，还不如说是当下的我如何看待那些曾经家园尽毁、面对满城疮痍的人们揭竿而起、击鼓出狮。我想讲一个广州的故事，并不是简单把历史搬上舞台，而是以今人的视角去看待百年前广州人的城和事。

此次的创作团队也很有意思：既有土生土长的“老广”，如我，有在广州工作生活二十多年的新广州人，也有从北京邀约来的艺术家。艺术创作中最需要的除了熟悉还有距离。因此，我经常会从惯常中抽离出来，从他者的视角来再次审视。作品以醒狮为题材，但绝对不仅仅是作为民间民俗和竞技武术的醒狮，而是以舞蹈特有的肢体语汇糅合醒狮的技巧精髓，以期对南粤传统文化进行一次创造性转化和创新性发展。

而所有的沉睡都只是为了那一朝的觉醒。于是，在这个以鸦片战争为背景的故事里，既讲述阿醒母子与龙少凤儿兄妹相遇、相斗、争霸，最后经历战乱携手反抗，也描述了众人陷入心结难解、心魔常在的自身困局，更在序幕和尾声加入了现代舞狮人回望先辈的姿态，以求对百年前历史前尘进行回溯，从而带出醒狮文化生生不息、醒狮气脉代代承传、华夏文化颂扬久远的民族复兴梦圆愿景。

曾有朋友问我，三元里抗英的故事和醒狮这个题材听起来不太容易吸引年轻人，在创作时如何贴近年轻人趣味？我想，主流价值观的作品能否吸引年轻人，具体还是看作品的艺术品质和具体的表达方式。从戏剧的角度，我始终认为，写人物比讲故事更重要，好的戏之所以能吸引观众，靠的不仅是题材立意，更需要情感的共鸣、故事的悬念、人物的可信。因此，无论是《醒·狮》还是《醒》，在抓住“醒——觉醒”的主题后，我首先考虑的还是塑造怎样的人物才真实可信，以及怎样才能打动观众，如何在故事里营造足够的悬念，使得观众的注意力被作品所牵引。于是，我在《醒·狮》里安排了些出其不意的反转和伏笔。

有时候，创作过程也是作者面对人生、面对人性的一次内省，笔下的人物会成为镜子，照出镜花水月或无尘菩提。对于《醒·狮》而言，这是一个关于广州的故事，也是一个关于广州人的故事。我尝试着和广州这座城市聊聊天，也尝试着把这座城市的故事告诉他方的朋友，让这些故事传得更远，期待故事里的人能走进观众的心里。

选自《文学报》2018 年 12 月 27 日

广州空间：城市场景

从化温泉散记

曹靖华

“粤江二三月，木棉扬花时，每棵树就是一座小‘火焰山’，满树通红，宛如起火，那火红的木棉花，正预示着岭南的春天。”

作者介绍

曹靖华（1897—1987），河南卢氏人。20世纪20年代初曾在苏联莫斯科东方大学学习，1933年后历任北平大学女子文理学院、东北大学、西北联合大学教授。1949年后任北京大学教授、俄语系主任，中国作协书记处书记。译有《契诃夫戏剧集》，著有散文集《花》《飞花集》等。

出了广州市，沿公路向东北走，到了约80公里的地方，两旁的山便合拢起来，好像要拦住你的去路。恰在这时，车子打了一个转身，就豁然开朗，正是：“山重水复疑无路，柳暗花明又一村。”从化，就悄然出现在面前了。

从化温泉，和从化县同名，通常称从化温泉，以别于同名的县治。在当地，则简称温泉。这不是乡、镇，而是一个居民点，属温泉公社。对全国来说，只消一提从化，就知道是指温泉的；外地人只简称从化，连“温泉”两字都索性略去了。

温泉明艳赛西湖，荔香十里柳千树。从化处处茂林修竹，鸟语花香，苍松翠柏，水秀山明，不管谁，一到这里，困顿尽消，生气倍增，诚疗养胜地也。人们历来称道“洛阳三月花如锦”，这里却一年四季花长开。看吧，这一批花还未来得及下妆，另一批又含苞竞放了。广州市每年春节前，举行花市。多么别致的花市啊！可是从化却是个永不收摊的常设“花市”。身处其中，就真正浸沉到花海里了。这里除一般习见的花木外，还有含笑、鹤顶兰、白玉兰、象牙红、英雄树……凭窗遥望，红妆满树，令人鼓舞。木棉，红艳高大，看见它，就使人想起征战荣归、披红挂彩的英雄，故当地人称之谓“英雄树”。

粤江二三月，木棉扬花时，每棵树就是一座小“火焰山”，满树通红，宛如起火，那火红的木棉花，正预示着岭南的春天。

紫荆叶更是别致得出奇。一般草木叶，从柄伸出来，到了叶尖，不是圆的，便是尖的。而紫荆叶却别具风情：从叶柄伸来，过了大半，突然分开，可是上部却紧连在一起。因此，就传说：这是两个朋友，要分手了，可是情深谊厚，难分难舍，终于又合起了。当地珍视这依依深情，名紫荆谓“朋友树”，它是否也启示着：团结就是力量呢？

总之，此地花确实多，多得连植物学家也未见得能一一叫出名字来。至于空气，不但清新得像滤过一般，有时还飘来阵阵花香，令人陶醉，也大有益于健康。一个人，不管是从事体力劳动，还是脑力劳动，倘想对祖国建设有所贡献，除思想正确外，非有健康的身体不可。否则，心有余而力不足，就徒唤奈何了。在这儿疗养的同志，都愿回去以后，以充沛的新鲜活力，投入祖国的“四化”建设，发挥更大的作用。

从化温泉，周围约 2 平方公里。四周山峦重叠，从化就像一块碧玉，静静处在这山窝里。蓝泱泱的流溪河，自北而南，仿佛一条青纱带，把它拦腰扎起，分为东西两半。东半称河东，为疗养院所在地，西半称河西，是温泉宾馆所在地。50 年代初，人大、政协组织赴海南岛参观访问，归途在广州停留，陶铸同志去看我们，并安排我们到从化休息。

于是，我们就到从化温泉了。当时住在河东一座楼房里，每天总爱在流溪河畔散步。河边沙滩上，有不少小水滩，泛着气泡。一摸，水是热的，可见此地处处有泉眼。当年，流溪河上只有一道便桥，连接两岸。现在，一道美观的四孔大石桥，长虹卧波，架在流溪河上。桥两旁除人行道外，中间两辆汽车可以对开。

温泉水从岩石裂缝中涌出，现有泉眼约 12 处。东西两岸均有，有储水池，用水泵将热水送至两岸浴池。各泉眼水温不同，最低为 30 摄氏度，最高达 71 摄氏度。

温泉水成分，有钙、镁、钾、钠、二氧化矽等；透明、无色、无味，含有少量放射性氡。医疗证明，温泉水对各种关节炎、神经炎、脊椎炎、神经衰弱症、消化系统及其他各症均有疗效。

鲁迅先生爱吃荔枝。他吃过干荔枝、罐头荔枝等等，可是没有吃过鲜荔枝。后来到了广州，吃了鲜荔枝，其味迥然不同，曾赞不绝口。当年冷藏设备差，不宜远运。现在不同了，北京早就可以吃到鲜荔枝。

从化盛产荔枝，遍地都是。河东疗养院附近，就有一大片荔枝林。我每次到河东，就穿过荔枝林。层层的荔枝叶，又密又厚，就像无边的油绿幕幔，把蓝天都遮住了。

解放前，这以温泉水软、景色秀丽闻名的地方，均归豪强霸占。解放后，人民当家作主，成了人民的疗养地。据说，周总理和邓大姐第一次来从化时，参观幼儿园，看到孩子们洗澡用不上温泉水，就带头捐款，为孩子们修建浴室，将温泉水直接引入。疗养院的职工们也不会忘记，

1959年1月周总理在这里疗养时，曾亲自蹬车帮助护理人员运送毛毯……周总理的形象，深刻地印在他们的心中，鼓舞他们继续前进……

选自《作品》1983年第7期

致白云山

沈起予

"沿途栽着伞盖形的热带植物，附近时时有小的石狮石马之类的零乱躺着，似乎都是那些荒废的古镇遗留下来的。"

作者介绍

沈起予（1903—1970），四川巴县人。作家、文学翻译家。1920年赴日本留学。1927年回国，后在上海参加创造社，开始从事文学创作和翻译工作。1930年参加中国左翼作家联盟。1936年主编《光明》半月刊。抗日战争爆发后到重庆，主编《新蜀报》副刊和《新民晚报》副刊。抗战胜利后，主持中国作协重庆分会的日常工作。新中国成立后，任上海群益出版社主编。著有中篇小说《飞露》、短篇小说集《火线内》、译著《艺术哲学》等。

昨天感觉是浩浩荡荡的一群，今天便只剩我一人。同路人们都在此四散了，我还硬着头皮，留在这不识路径、不懂话的地方，想多看看这所谓革命的策源地——而今几乎是读经复古的策源地。

外面雨下了又停，停了又下。一块块的乌云遮住天空，闷得人时时要使劲地透一两口气。室内，衣被零乱堆着，皮箱上才抹过的霉，现在早又长得白蓬蓬的了。隔壁一家撑天的酒店紧紧逼在窗前，把陈旧的房间遮得更暗、更黑。偶一回首，一只老鼠狡狯地从角落的一堆水果渣上跑过去了。心里异常寂寞，想着号称这有五十余年历史的老栈房也许真有五十余年不曾修造过，以致房屋有这么旧，这么脏，而且似乎常常有“外江佬”来往之故，里面的伙计竟学会了要酒钱，但一面又老保持着广东茶房的那套懒和傲。

在这是雨、是郁闷的天气中，我想着不会有人来，同时也不知道到哪儿去好，我只一人待在床沿上，心里郁积着一股浓厚而漠然的愁闷；因之，我既不曾注意到门外的脚步声，也不曾听到有人与茶房打话，而且直到T教授自己掀开门帘进来时，我才像闷坐在牢里的人突然遇着了探访者似的，真真喜出望外了……T教授是在国外时的同学，大学时代已经蓄上的胡髭，现在更加蓬蓬，因之人也似乎跟着老了几分。想着从前各自进的学院既不同，回国后又不曾通过一次信，而现在一知道我到了广州，竟肯在这样的天气中前来相访，我的惊喜，不能不更加一倍。

“今天想出去玩么？”

谈过见面话，又劝了我调换旅馆等后，T 教授便这样引诱我。这自然是万分高兴的事，但我又怕中途淋雨，自己虽然不要紧，而对对面的白长衫子却应得有点顾虑。可是 T 告诉我，在这梅雨时节的广州，只有让雨来怕人的，若人去怕雨时，那便会每天都不能出门一步；而且在这近乎热带的地方，雨也并不怎样为难人，原因是有雨点，地便湿，但雨一霁，路就干。

“那么到哪里去呢？”听了 T 的说明后，我便站起预备穿衣服。

“白云山得去看一下，这是广州附近唯一的好地方，而且顺便又可以到黄花冈。”

可以到黄花冈，白云山我不知是怎样的宝贝地方，可是黄花冈这名字，却在我当小学生的时候，就像圣地似的吸引着我。能那样迸着热血来打倒媚外的满清政府的七十二烈士的英勇，固然是吸引我的最大理由，但单就“黄花冈”这三个字也够我憧憬不置了。啊！黄花冈，这几个字的意义真美，声音真响亮！假如率性单称为“七十二烈士墓地”之类时，我想一定要逊色得多了。总之，一想着今天竟能够实现我久欲凭吊一次的那种夙愿时，我便高兴地踏上了 T 教授雇好了的汽车。

一瞬，街上成排的房子一阵后退，汽车向着东山一带急驰而去。我始终带着虔敬的心境望着前方，看那到“圣地”之路，看那逐渐送到眼前来的一切新的景地，有时竟忘却了回答旁边T教授的谈话。不久汽车向左一倒拐，便完全走进乡境了，可是柏油路依然是那么光滑、整洁，两旁成荫的树木时时在头上交叉，汽车走过，便像穿进了绿叶扎成的洞窟。附近时时有绿油油的修竹在一起一伏的丘陵上长着，一股风送来一阵气味，真香。

“枪毙人大概就在这些地方干的。”

旁边T忽然这样告诉我。一回头，我见着他正弯下腰来，手从窗口上指住我刚欣赏着的有竹林的丘陵，而且不知怎的，他那含笑的面孔，似乎也在讥讽我心中的瞎赞赏一样。

“常常要在深更半夜的时候，提出犯人在这些竹林旁边干……”

收回手来，T教授又这么补了两句，我默然了。心想着这世界连风景也常在欺骗人：记得初搭上西江而正在感叹自然界的伟壮时，河中便冲来一具死尸，初到梧州而正在佩服市街的整洁时，墙上便出现了枪毙人的告示，而今又……啊，可是这是自然界的过么！……但不久汽车终于驶到黄花冈侧面的口子上了。T向车夫交涉，要他暂在此地停一下。可是不幸得很，在我们刚在几个花坛间打了一转，仅把高耸着的自由神和七十二烈士的石砌牌坊略加一瞥时，车夫便不耐烦起来了。

"其实并没怎样好看，这不过仅在历史上有点意义罢了。"

看我似乎还有些恋恋的样子，T也在旁这样说。于是我只好把细细游览的机会放到下次，又随着T搭上汽车了。从此以后，两旁现出来的，大都是碑，是墓，是高耸的纪念塔，是空洞的石亭子之类，而T也不断地为我说明某处埋着某将军，某碑是纪念某烈士，某处是红花冈，某地是万人井。

约莫一刻钟，车才到了一个名沙河的小镇，此处有公共汽车直达，据说就是广州名物"沙河粉"的产地。再从镇口上向左走，便是到白云山的路。沿途栽着伞盖形的热带植物，附近时时有小的石狮石马之类的零乱躺着，似乎都是那些荒废的古镇遗留下来的。车再向前走，那些矮小的山堡上正有许多累累的坟冢被发掘着，等一问T教授，才知道直到山腰一带的土地已被中大收买为农学院的第二林场，因之其中的古坟都得限期迁出；倘若过期尚有未迁葬者，则统由学校自动发掘，现在正是迁葬的期间。

可是T继续告诉我，奇现象就在此发生了。原来这白云山一带是号称粤中的风水地，所以在这纷纷迁葬的其中，竟忽有一位"有力者"在林场的范围内看中了一块地方，要农学院为他保留下来作为坟地。对这种一面要人迁出，而同时又有人要赶进的奇事现在农学院正在不知作何应付。

因为T教授谈到了大学的事，这时我便问及学院中的读经复古的情形。关此，他说：这当然是文学院的中国文学系顶糟，其中简直没有文艺思潮或文学概论之类的课程，所设立的讲座，统是东一个“赋”，西一个“词”的家伙；更奇怪的，是那位不准用“她它”“底地”而提倡读古文的系主任却喜欢着西装；据说曾有学生问他为何既要复古而又爱穿新式衣裳而使他红过脸。T教授又说：不特学生对这位系主任不满，即别系的教授们也颇对之抱反感。有一次因为别系的教授监视考场而容许了学生在试卷上横写之故，竟互相大发了场冲突。

在我们这样的漫谈中，车即在山下的白云酒家前停住了。这酒家是一种旧式游园的建筑，一进去便见着东是一亭，西是一阁，有荷池，有小桥，有回廊，更有不少的木匾和对联之类。待穿出这酒家后，我们才走上了登山的石梯路。

可是，不幸我们刚走了一程，久停的雨又下起来了。于是我们即刻躲到旁边一个岩壁上的亭子内去，就在这里T又说了些关于山上的庙、庙的来源及在山上时时出没的强盗等类的故事，而最使我惊异的，是在T的另一些谈话中，我竟听出了他在同学时代的不曾有过的许多新的见解。

这时我怀着感慨的心情，时而四顾后面的山峰，山峰果然也算雄壮，时而往下俯视，下面是延展着的青葱的阡陌和起伏着的堡垒似的丘陵，而从这一面落下来的雨线，似乎也加快加长了些。山脚的白云酒家在林荫中隐现着，稍下一点的清溪上的一所瑞士风格的建筑（据说名倚云别墅），更似一幅美丽图画。处在这居高临下的境地上，我的心境不觉又爽快了。怪不得自私者竟想在死后也要把尸体拖到这里来，怪不得葬了若干年的洪秀全也要被后来的权贵者赶走——虽然他们的主意并不是要到这里来死看风景！

待雨稍停，T便引我下山到倚云别墅小酌。一走进去，我才知道这是一个带佛教性的名素社的团体的设立，室内有地毯，有沙发，有富丽的帷幔，壁上除了油画之外，还挂有“肃静”一类牌示。旁边有精巧的游泳池和凉亭，依着水溪的高下而建成的游园中，还置了不少珍禽异兽和花卉。一切都很精幽，但与白云酒家比较起来，则又一切都很现代化。不久，白衣侍者便拿着簿子来要我们签名和问菜。一看其章程，才知道他们并不是纯粹营业，而是除了社员之外，仅招待高尚游人的。这样，我们便在富丽静洁的客厅中，很舒服地吃了一餐有“鸡三味”和“双蒸酒”等的饭，才在叫花子的追赶中回了家。

选自《读城记》，天津人民出版社，2013年版

海珠桥抒怀

曾炜

“广州，这个四季如春的具有亚热带色彩的城市，如今，在庆祝建国二十六周年的前夕，全城灯火辉煌，又增添了一条彩带似的，贯串珠江两岸的新扩建的海珠桥，美极了，真令人神往。”

作者介绍

曾炜（1919—2007），广东顺德人。抗战时期参加广东青年抗日先锋队，1953年调入广东省作协成为专业作家。20世纪80年代将欧阳山的长篇小说《三家巷》先后改编为电影《三家巷》，多幕话剧《三家巷》，电视连续剧《一代风流》《苦斗》等。散文作品有《凤凰岗巨变》《顺德风情》等。

今晚上夜班，我踏着自行车冲上刚扩建完工的海珠桥。一阵南风吹来，舒畅极了。昂首望天，呵，今晚的月特别圆，特别亮。蓝天明净，一望无云。我忽然兴致勃发，趁还有点时间，索性把自行车推上人行道，对眼前的景物看个够。本来，我不知欣赏过多少次珠江夜景了，可从来没有像今晚那样兴致勃勃，心情激荡。确实，眼前的景色不寻常：秀丽的珠江泛起银光，各种各样客船、运输船只穿梭往来；沿江两岸的霓虹灯，正为迎接伟大的建国二十六周年增添色彩，把一幢幢大楼衬托得更漂亮；往南眺望，呵，这解放后建起来的工业区，烟囱林立，数不尽的一座座雄伟的厂房闪着灯光；桥北的二十七层的广州宾馆灯火辉煌，把开遍鲜花的海珠广场映衬得更美丽……最使我感到新鲜而又奇异的，是我这个“老广州”，现在第一次站在新扩建起来的海珠桥的行人道上。这座新扩建的三十三米宽的大桥，雄伟地矗立在珠江上，真是“一桥飞架南北”！当然，它比起武汉长江大桥、南京长江大桥的宏大气魄，算不了什么，但却使广州人着了迷。就在不久前，九月一日凌晨五点钟，也就是这新扩建的新桥通车的一刹那，一个退休老工人，感情激动地昂首阔步第一个踏上新桥，他自豪地说：“以前是皇帝行头，现在是我们工人行头。”确实，在 1933 年 2 月 15 日，海珠桥通车时，是由胡汉民剪彩，然后由他率领大小官员走上桥的。现在，换了人间，完全两样了。今晚，我站在这新桥上，和许多老工人一样，贪婪地观察着周围的一切……

一滴水，可看到太阳的光辉。我们常常透过一点一滴去观察世界。就说桥吧，我想，人们总走过各种各样的桥，可以说出一些和桥有关系的故事。我童年时，在乡下走过一条独木桥，因失去平衡掉进涌里，弄得全身像个泥人；解放后，我曾以惊讶和激动的心情，坐着火车经过武汉长江大桥、南京长江大桥。但海珠桥更令我思潮澎湃。这大概是由于我曾经亲眼看到它修建，看到它被国民党炸毁，后来我们把它修复，现在又扩建起来的缘故。它的苦难的、不平凡的历程，它周围的一草一木的变迁，都和广州人民连在一起，使我常常思考、吟味，使我和许许多多广州人一样，对它倾注了大量感情。

夜静了，这宽阔的新桥，来往车辆还是那样繁忙，在这又圆又亮的月下，上下班的自行车在飞奔。这晴朗之夜，衬上这新景，容易使人精神奋发，也容易把你带回过去的世界，和憧憬着未来。

1929年春，广州报纸突然出现一条大新闻：广州要建海珠桥了。本来，珠江不算阔，江面只有一百八十三米，也没有惊涛骇浪，在今天来说，建这样的桥不值得大惊小怪。但当时确是大新闻。据《广州年鉴》记载，在清光绪年间，就有过建桥之议，甚至想“利用海珠礁石，横驾桥梁，贯通南北”。但最后还是一纸空谈。就是1929年要动工兴建时，广州仍然没有什么机械工业，这就难怪广州人把这新闻当成谈话主题了。那时我还是童年，就听到一个传说：为了要建这座大桥，要用五百个童男童女“打生桩”，才能保险把桥建成。这一骇人听闻的传说，确实吓坏了许多孩子，致使一些孩子不敢出门。其实，这完全是骗人的鬼话，是用来形容建桥工程的浩大，大得了不得，不仅要用钢筋、水泥，还要用人“打生桩”，来驱神赶鬼，以此来歌颂建桥的旧社会统治者的“丰功伟绩”，也更好为他们借建桥搜刮民脂民膏作口实。

桥，终于由美国慎昌洋行承建，马克敦公司施工，花了一百零三万二千两白银，用足四年时间建成了。可是，桥的建成，并未达到反动统治者要“使广州一跃而为世界名都”的愿望。那时的广州，是个典型的半封建半殖民地的商业消费城市。河南一带，除了大基头几间“裕泰银牌”赌馆外，商业凋敝，冷冷清清。河北桥头倒是“热闹”的，附近用星铁、竹棚搭起菜栏，或是“凉茶大王”之类杂七杂八的小店；整天是叫卖声，扛菜者的劳动号子声；烂菜渣遍地皆是，臭不可闻。珠江两岸密密麻麻的湾泊着大大小小的、破烂的“横水渡”。这些“浮家泛宅”，常常发出凄凉的叫喊，多少水上居民的眼泪，像珠江河水一样长流！桥底，算是个“有瓦遮头的地方”，入黑，就睡满无家可归的失业者、流浪者。那些“猪仔头”（拉壮丁的人）常常在这地方拉壮丁，青年人入黑后都不敢经过桥底，真是个恐怖世界！那时广州也没有什么工业，只有制手电筒、制火柴、制皂、酿酒、土制煤油、丝厂等手工业。在机械工业方面，真是可怜得很，除石井有间制造步枪的兵工厂，丰宁路有几间修理汽车的工场外，再就是散落在街道的、有两三部小车床的小作坊，和河南一带有几个翻砂场。说来可笑，那些翻砂场，每次铁水出炉，都是用两个人抬着铁水煲浇注的……这一切，充分说明了，修建这海珠桥，完全是作为军阀陈济棠的所谓“黄金时代”的装饰品，点缀太平，显示其“繁荣”，既可为他树碑立传，又可乘机搜刮民脂民膏。这样，桥，就像黑寡妇似的立在珠江上，一天没有几部白鸽笼式的老爷汽车经过，行人也稀疏得很，哪里有半点所谓“世界名都”的影子！

就这么一座桥——这唯一“点缀升平”，由劳动人民付出血和汗，付出大量钱财的海珠桥，在国民党兵败如山倒的绝望时刻，在广州解放前夕，被国民党反动派炸毁了。

广州解放后第二天，我刚进城，就立刻跑到海珠桥现场，那情景使我大吃一惊。珠江还是泛起微波，可桥的平坡一段，已粉身碎骨，钢铁全飞走了，南北两段斜坡，分别坠在珠江上。人们没有思想准备，没有想象到国民党反动派如此残暴，附近居民，特别是水上居民，被炸死数百人，周围房屋塌了许多，离桥稍远的房屋，也有被揭开屋顶的，被震裂墙壁或震碎玻璃的。真个是尸体遍地，残垣断壁，满目疮痍，令人目不忍睹。

我坐“横水渡”渡过河南，忽然碰上一个远亲。他在桥附近一间五金店当“柜面”，炸桥那天刚好不在，是个幸存者。他非常悲观地对我说：海珠桥炸毁了，重五金运不过河，没生意可做了，店将要关闭，要失业了。我安慰他，说桥很快会修好的。他摇摇头，不相信，说：有那么容易的事？你也知道桥是怎样建成的？我再三对他说，毛主席、共产党能打败八百万国民党军队，就能把中国建成社会主义强国，这小小的海珠桥算得什么。他没有跟我争辩。但从他的悲观失望的神态看，他也和资本主义世界议论我们一个样，不相信我们能建设一个新世界。

果然，不到半年光景，这座所谓要用五百童男童女“打生桩”的、被说得神乎其神的海珠桥，修复了，通车了。而且，过了几年，比海珠桥不知大多少倍、修建难度也不知大多少倍的武汉长江大桥，也通车了，还有许许多多大桥，也陆续建成了。有一回，我在路上碰到那个远亲，他不能不表示信服，承认共产党的确有本领。

我们不但善于破坏一个旧世界，我们还善于建设一个新世界。我们在毛主席、共产党领导下，经过二十六个冬春的建设，广州已披上新装了。别说流花湖畔的交易会、宾馆、车站这些极为令人神往的新建筑群，就单看看河南一带吧，这是解放前吹鸦片、赌钱、吃狗肉之地，如今，一座座宏大的厂房矗立起来了．广州，再不是只能制造手电筒等那些小工业品，而是已经能够制造成套工厂、矿山和炼油设备，以至制造精密工作母机和万吨大船了，今天的南郊已是新的工业区了。这样，来往海珠桥的人，都是成千上万乘着汽车，蹬着自行车，或是昂首阔步的劳动者。桥，走的人越来越多，车流不断，负担就越来越重，远远不能适应工业的飞跃发展。据统计，每天最高潮的一小时内，有一万一千多部自行车，和六百辆汽车的流量。1968 年，在沙面旁建了新桥，流量下降了百分之四十，但到 1972 年，又上升到原来的数字，而且每年每月都在发展，上下班时间，汽车、自行车、人流，像三条巨龙挤拥着，浪费了多少劳动者的宝贵光阴和汽油。

真是形势逼人。在省市委领导下，一场扩建海珠桥会战，在 1974 年底打响了。且不说这场会战怎样克服困难，出现了多少可歌可泣的动人事迹，相信人们会从报纸、电台里知道得更详细。但有几个颇有趣味的对比是令人深思的：原海珠桥修建时间达四年，我们扩建仅用九个月时间（比原计划提前九个月），而工程量不比原来少（从十七米阔扩到三十三米）；所使用的材料，全部钢梁，是中国工人阶级自己制造的，而原来的桥，是从荷兰一座旧桥拆运来翻新的；扩建的全部工程，从设计到施工，完全是工人阶级自己动手的；更巧的是，夜以继日奋战在桥上的道路公司一工区一队长、共产党员郭成，解放前正是流离失所在海珠桥底露宿的落难者。我相信，参加建桥的不少劳动者的父辈，大抵也是和郭成一样尝够旧社会的苦头的。

昔日的流浪者，现在是主人！这一切，充分说明，时代变了，广州，已经不是半殖民地半封建的消费城市，而是社会主义的工业城市！我们的社会主义建设事业正在突飞猛进！

夜深了。我还是站在桥的平坡行人道上贪婪地观察着周围的一切。广州，这个四季如春的具有亚热带色彩的城市，如今，在庆祝建国二十六周年的前夕，全城灯火辉煌，又增添了一条彩带似的，贯串珠江两岸的新扩建的海珠桥，美极了，真令人神往。我想，从 1933 年旧海珠桥通车，到 1975 年国庆前夕扩桥完成，相隔足有四十二年半。这四十二年半，前十六年半是暗无天日，解放后的二十六年却阳光灿烂。啊，二十六年，在历史长河中，只不过是一瞬，但这短暂的一瞬，却是天翻地覆，换了人间！海珠桥的修建、炸毁、修复、扩建的历史，像一条线，贯串了一个历史时代的辛酸、苦难，喜悦、向上。它将为我们作证：旧社会，苦难深重；新社会，欣欣向荣。

再过一刻钟就是凌晨了，我得赶快上班去。我踏上自行车，在斜坡上飞奔而下。呵！我们的道路多么宽广！我迎着暖和的东南风，在又圆又亮的月色下，飞越海珠桥！

选自《广东文艺》1976 年 1 月号

珠江水记

杨干华

"把大量的水引进词汇，怕也是粤人创举。比方帅气说作'威水'，亮说作'靓水'……财源广进说'猪笼入水'，能辨是非谓'心水很清'。"

作者介绍

杨干华（1941—2001），生于广东信宜。曾任《作品》杂志主编、广东省作协副主席。著有长篇小说《天堂众生录》，中短篇小说集《社会名流》等。

乾坤始奠之时，造物主赐中国四大河，其一落在广东，名珠江。也许上天情有独钟，让其发轫于滇黔，曲折于湘桂，流域地处温带亚热带，多锦山绣谷，雨水又足，因此珠江显得分外妩媚，钟灵毓秀。连名也惹人爱怜：珠江，珠子的河！

人类离不开水，广东更然。据说广州古称番禺，番禺始作舟；又说番禺者，盘古也，可见粤人跟水交道之久。广州渐成繁华商埠，世称绿色的丝绸之路。近人研究人文，发现岭南风土民俗，宗教文化，衣食住行，花鸟男女……跟水都是大有干系。某文人说及文艺风格，南方不像北方的“饮马长城窟，水寒伤马骨”，而是梨花春带雨，路过青衫湿。某一评者概而言之，广东文化者，水文化也。

姑勿论中肯与否，粤人名字多是与水连构，却是事实：水生，水来，水兴，水旺；水莲，水兰，水英，水芳……把大量的水引进词汇，怕也是粤人创举。比方帅气说作“威水”，亮说作“靓水”。“灵水”谓之聪敏，“静水”谓之文静。财源广进说“猪笼入水”，能辨是非谓“心水很清”。还有“水货”“水蟹”“下水”“食水”等，或褒或贬，有形有神，都是耐人寻味的水句子水词儿，写到书里要湿透纸背的。至于粤语方言，也是“水分”甚足，男的浑厚，女的娇憨，俨然洗过濯过，搓过捏过，滴溜溜，清泠泠，要干涩也难。所以岭南多名伶：薛觉先，红线女，新马仔，任姐……都是唱得旱天起云色，枯井泛春潮的大老倌。马师曾因失声而创“乞儿腔”，一曲关汉卿的《铜豌豆》，丁丁锵锵，绕梁揭瓦，人说那铜豆儿用水淬过的。

北人初来甫到，车过五岭，小北江山明水碧，黄河两岸的滚滚黄尘不复见，长江上下的寥廓江天也不复见。满眼的青绿翠黛拂不去，满耳的岭南软语堵不住。“先生早晨”“同志唔该”“小姐您好”……地或城乡，时或晨昏，每能遇一把二胡，半根短笛，赏心怡神的广东音乐响起，就无论《平湖秋月》《赛龙夺锦》《鱼游春水》，皆随如丝如缕的水气荡漾开去，飘逸空中，让人吸进鼻子，融入茶杯，啜下肚去。

粤人爱茶。跟学生早读早操一样，清早必是上茶楼。不分男女老幼，士农工商，贫富尊卑，一壶又一壶沏，一杯接一杯饮，也不担心浸没五脏六腑。潮汕地区更为讲究，茶壶拳头般大，茶杯指头般小。三五知己围坐一茶桌，一人一杯浅呷、轻尝、慢咽，连续不断。那茶红得发紫，浓如胶汁。主人两手相互交替不停，挥洒自如地“高冲”“低斟”，什么“关公巡城”“韩信点兵”，程序分明，不能乱套的。这就是“功夫茶”。有了茶的经典，茶的歌册，茶君子，茶博士，茶仙茶圣茶鬼茶妖，也应运而生。

喝了大半天，任牛饮也够了吧？否。到午晚两顿，要先来碗芥菜汤、莲藕汤之类，均水汪汪一片。差不多将寝，还忘不了再上绿豆汤，或到街上铺子，买碗牛骨汤，茅根竹蔗水。

从前还有水上一族，称疍家，更是托命于水。把水面当作土地，以舟舶为家园。流家泛宅，萍踪浪迹。父精流于江之头，母血淌于水之湄兮。生孩子时，翻江倒海，惊涛裂岸，小精灵仿佛弄潮而来。唱着咸水歌，男必唱“妹呀喂”，女必答“哥呀咧”，爱情就要踏浪而去。四月清明，洲渚鸥飞，船上摆了牺牲，低的香，高的烛，男人面浪而跪——这就是疍家在拜祭祖坟。既然水中生，也就水中死，质本水来还水去。浪头既是摇篮，也是坟头。亘古不废的江和海，永远流动的生和死。

珠江平原更值得大书一笔。河网地带，被切成一块块小绿洲，绿洲为河涌萦绕，像镶上青罗带。稻田、菜畦、蕉丛、蔗林，绿也无涯。农舍前后，阡陌左右，总有大鱼塘，数亩，十数亩，数十亩不等，塘基遍植桑树，叶大而透明。桑叶喂蚕，蚕屎喂鱼，鱼屎肥塘。待到秋冬，蚕结茧，鱼卖去，桑砍了，农人把塘泥复盖桑茬，新一轮循环又告开始。这就是顺德、中山一带的桑基鱼塘，人类稼穑史上无与伦比的杰作。

一切都诗意盎然。常常，在鱼塘河涌，猛扎起一个青皮后生仔。另一头有女子款款过来，都是细皮白肉好眉好貌，典型的威仔靓女。男的狡黠一笑，开口就是“妹妹你大胆朝前走哇——”他想模仿大西北歌王，也唱个飞沙走石，摧树折草，可惜任他捏扁鼻子扯直喉咙，也吼不出那份黄尘呛成的嘶哑。那女觉得滑稽，一阵大笑，回唱道："请跟我来——""来"个长长的拖腔，不想休止，欲断还续。刹那间人不见了歌声远去，甘蔗林的小路，被唱得湿漉漉的……

没有办法，上帝宠爱珠江，珠江滋润广东，注定这样的柔情如水。是不是太轻浅，也太甜腻？不呢！据说上帝对人既仁爱，又残酷，送你一河欢乐，也送你一河血泪。林黛玉转世投胎，也是还泪来的。本世纪初，1915年，岁称乙卯，广东就大难临头。四月间，广东连场大雨，三江暴涨，冲决堤围。到五月端阳，地坍山崩，大野流浆，珠江三角洲成泽国。作为省城广州，一时间通衢流柴，闾巷撑船，被浸七日七夜……

这还不算。谁也想不到，会有火灾从浊浪中冲霄而起。数千杂货铺一齐被焚，又烧着了珠江上的连环船，火乘水势，水助火威，竟从河北烧到河南。人道水火均无牙老虎，两虎肆虐，无遮无拦，浩劫中的广州人，下面水浸，上面火烧，烧不完浸完，浸不死烧死。不知道什么是水深火热这就是水深火热；不晓得什么是世界末日这就是世界末日！

老百姓明白，这并非珠江的罪过。历代统治者只识掠地夺城，哪顾人民死活？根本没有水利设施。是解放了，珠江才有一份安宁的日子。经过几十年的艰苦奋斗，衔石结草，又经开放改革，引进现代化，高科技，珠江终于迎来了“潮平两岸阔，风正一帆悬”。据我所知，三角洲的堤围可以抗衡百年一遇的大洪水，广州则三百年内固若金汤。

不错，天地有道，珠江才有道；时代识宝，珠江才献宝。广东人历来就信奉“水为财”，现在可以面对源源不绝的珠江水，一泓一泓，一寸一寸，一滴一滴地打扮、装点和创造了，在其上游的山区，山民视水如知己，怎也要留水多住些日子，多走些地方，于是就给她安排了宽敞的水库、山塘，笔直的引水渠，奇丽的反虹吸。还自上而下盖了不少别致的小水电站，像长藤结瓜一般。到夜晚华灯万盏，自下而上，分不清哪是电灯，哪是星星。

有单家独屋者，住山腰岭上，索性自建电站。别看溪小水浅，垒几石筑坝，傍晚把闸板一拉，电灯就由黄转白，厅里房里，厨里厕里，猪舍鸡埘，明晃晃的一齐亮着了。老婆子接上电饭锅的电源，老头子按下电视机的开关。路灯高挂禾草棚的顶梢，为的是送客柴扉外，好上青石径。也不必关起闸，蓄水流完，电尽灯熄，也该睡觉了，趁明儿谁去浣衣洗菜，顺手把闸带上就是，轻松得跟堵田缺一样。

这自然是怡情的一幅小品。整个珠江流域才是一幅长卷的《清明上河图》。广深珠沿线，一河两岸，别说回肠荡气的大水网大电网，就说那些新建筑，有些作宾馆，有些开酒店，有些是乡镇企业，半揽青山半抱水，实在是逗人流连。有的把艘废船，涂红抹绿，张灯结彩，霓虹灯打上什么“天天渔港”“海上明珠”“水晶宫”“龙世界”的招牌，就半船香气半船雾，招来络绎食客。有个叫钟华生的农民企业家，靠水发了大财，建起了农民度假村，建起了农民“好景门”。他有三句名言——住水边，食水鲜，玩水面——使海内外投资者慕名而来，生意旺极了。

一个“住”，一个“吃”，一个“玩”，可说尽得水的精义，从中也活画出粤人的生活方式和价值取向。实际上，水灵人杰，出了多少靠水成功的风流俊彦？打水球可组成几个国家队，赛龙舟力夺数届国际杯。陈肖霞为一代跳水皇后，谭良德是十足跳水明星。榕江少年孙淑伟，比水花大不了点点，一跳而震动巴塞罗那。洛杉矶奥运会上，体育健儿战绩不俗，外国人找出秘密是他们饮用了“健力宝”，惊呼“中国魔水”了不起，一时传为佳话。

还有不少玩水的名堂。水上音乐会，水上明星夜，像应时鲜花，一年四季，姹紫嫣红。那些大大小小的音乐喷泉，拱北的，佛山的，园中院的，华彩灼而涟漪起，银柱跃而乐韵生。说不清水帘顿挫一燕语，珠屏抑扬几莺啼。看客听官早已醉了，兀自还叫珠江啤，麒麟泉，凤凰茶，雾笼珠水月笼纱，谁舍得说个够字？

瞧，这珠江竟翻出五味之甜酸香软滑，五色之红黄青蓝紫，五声之宫商角徵羽——噢，那个钟华生又出妙语：

“今日借君一杯水，明日还君一桶油。”杯水桶油，水何价也？竟就集天下之财，又建一座海滨新城，曰“金海岸”。然后“携水”（注意，水者，钱也）北上白洋淀，来个南水济幽燕。珠海市长梁广大，更是水做的骨肉，龙生的胆识，辟东区统伶仃洋以兴百岛，设西区建高栏港而通五洲。风生水起，一活百活。有词人把酒游珠江，为粤人的以水为财，以水为美，以水为乐，使岭南日也多娇，夜也多娇，不禁诗兴大发，仿前人作《忆江南》一首：“广东好，百业水为魂。日出珠江金镀水，月照珠江水如银。美哉特区人！”引录于此，以结《珠江水记》。

选自《广东散文选》（1983—1994），花城出版社，1995年版

羊城风景片题记

钟敬文

“桥的南边，为一道石路，两旁排植古松，郁然苍翠，对之如入异境。松影倒入小溪涧中，有如泼墨佳画，令人神往不尽。”

作者介绍

钟敬文（1903—2002），原名钟谭宗，笔名静闻、静君、金粟等，广东海丰人。我国著名民间文艺学家、民俗学家、教育家、诗人、散文家。著有散文集《西湖漫拾》《湖上散记》，学术著作《民俗文化学：梗概与兴起》《民间文艺学及其历史》。

小序：数年来，几度承岂明老人迢遥地以书物见寄，感愧无以为地。迩者又届新春，市人竞以礼物相馈，深表露着一种人世间和爱的情味。我因之忆起我们的岂明先生。便随意在坊间买了一点此间“道地”的风景片，预备给他寄去。为增加老人鉴玩的兴趣，便涉笔就所熟知的几叶，各为写一短记系之。

•　五层楼

五层楼，原名镇海楼，在粤秀山上。据说，是明时永嘉侯朱亮祖所建筑的。现在楼已灰败，岌岌乎有倾塌的形势。游客不能再上楼观览，至则只在楼下仰首瞻望而已。楼墙间，长出小树，它的绿叶，和黯淡了的旧日红墙的颜色相掩映，格外显出一种凄惨的情调。楼的两边有木棉树，记得屈大均诗云：

十丈珊瑚是木棉，花开红比朝霞鲜。
天南树树皆烽火，不及攀枝花可怜。

我们可想见每年二三月时节，此地木棉花开的风韵了。

粤秀山，此刻正在着手改辟作市民的公园；五层楼，说不定不久就有一度更新的希望呢。

· 小港桥

小港桥，在珠江南岸的河南岛中。桥的邻近，有一个村落，名字可忘记了。我去年在岭南教书时，功课之余，常与二三友人，纵步其间。石桥一具，流水琤琮，太阳斜照的时候，桥影岸然，偃卧于碧波之上，使人的意兴悠如。友人说，如果当春涨平桥，更当别饶风致。桥的南边，为一道石路，两旁排植古松，郁然苍翠，对之如入异境。松影倒入小溪涧中，有如泼墨佳画，令人神往不尽。友人刘仲英君诗云：

昏晴多明霞，似我醉来容。
春衫立萧萧，倚石听溪淙。
石桥竹林南，南乃有千松。
虬枝相撑持，凌突苍烟中。

听说，曾有人把此间的风景，摄制过电影片，惜没有在银幕上一见的缘分。

• 松岗

我住在岭南大学的时候，几度在左近发现的松林，风景都不坏。因想在离大都市不远的那里，会有乡间风味的松林，可以供我们游眺，真是不可多得的。今年移居东山，得见松岗，尤为高兴。因为它近在咫尺，可以日夕往来。每当晚照初沉，余霞还缭绕天际之顷，轻衣木屐，徘徊其间，胸间所蕴积的扰攘，不觉地随着残余的微光而俱退，刹那间，惟空灵占据了我的心。若眉月已有薄辉，或皎月正当团圆，这类的夜晚，一人微行其下，阴影匝地，凉风在树梢衣角掠过，神爽意清，悠然遥想。松树始终以幽默的容态相对，我不免因之感到自己日常的蠢动为可怜了。

这样的境地，于扰攘的都市，正如冰淇淋之于炎夏，可说是需要极了。可惜晓得享受的人却不多呢！

• 荔枝湾

在广州市附近，比较有历史的意味，而实际上也值得一逛的游地，总要算到荔枝湾吧。

湾在市的西边，相传是南汉时候昌华苑的旧址。水湾的面积不广，水色亦非清澈．但湾形曲折，两岸竹树丛生，荔枝树尤多，木棉亦挺秀其间。岸上，有人家、别墅、亭馆等建筑物在点缀着。莲池菱塘，也开布于前近。到了夏天，木棉已谢，杂花乱开，荔枝累累然繁结枝头。我们坐着白帆蓝身的小舟，鼓棹荡漾其中，水面南风，轻轻地吹着，胸中豁然，烟雾一般消散了的，岂止熬人的炎氛而已么？古今人游此题咏之作颇多，去年和颉刚、西薇、成志诸兄往游时，见茶馆中，有某先生题的一首词，话颇有趣，当时曾抄入日记簿中，惜现已丢掉，无从寻出。吾友刘君亦有所作云：

夕阳只向柳梢红，小有溪林世外风。
若向诗中求比似，微微清韵两司空。

他把荔枝湾的风景，比况于诗中的两司空，倒善于品鉴呢。至于有云：

独自凭栏应有恨，月明谁唱李家词。

则已露出他骚人唏嘘吊古的意味了。

荔枝湾，包括的境地颇宽敞，片中所示，不过只小小的一部分罢了。但是虹桥短堵间，群树杂生，藤萝垂挂，风情的佳胜，不就可以概见了么？

• 红花冈

红花冈，在东郊外，为四烈士墓地。四烈士中，我只记得一个是温生才，其他都遗忘了。墓门有一联，今片中尚依约可以辨识，其文为：

> 碧血千年热，红花此日春。

冈不大，亦乏点缀，比之黄花冈七十二烈士墓地，不及远了。但墓前遍植木棉树，虬枝直干，颇足以表示此处地下深深掩埋着的四位英雄，生前时那种反抗暴力、至死不屈的气概。若当芳春三月，木棉花盛开，诚如梁佩兰诗云：

> 幻如陀罗百千臂，一臂一灯照金地。
> 海底深扶紫贝阙，天中直贯长虹气。

可谓壮丽极了！我每过此冈，总不免要为少时间的低回，固不一定在花开时为然呢。

• 广雅书院石桥

广雅书院，在城之西郊，张之洞督粤时所创建的。院颇宽大，旧日藏书甚多，今所存闻已无几。院址，现在为省立第一中学校舍。石桥在门外，桥下杂生水草，两边则树木葱茏繁密，远望如一座山林，修养游息其中，真可谓幸福。便是我们信步到那里，游踪少停，也要暂时里感到身心的洒然舒适啊。它比之现在中山大学的校址——从前的贡院——要胜过多许了。

选自《钟敬文散文选集》，百花文艺出版社，2009年版

夜游珠江

关振东

“珠江上的小艇是数不清的……不断在江上穿梭，像竹叶青醇酒似的江水，被划出条条浪迹，宛如鲤鱼翻身时泛起的鳞光。”

作者介绍

关振东（1928—2009），笔名江南月等，广东阳江人。历任广东省作协散文创作委员会主任、广州市文联副主席、广州市作协副主席、《文史纵横》杂志总编辑、广州市政协副秘书长。著有《五岭笙歌》《流霞》《游心集》《关山月传》《情满关山——关振东作品选萃》等。

在广州住了几年，跟秀美明丽的珠江朝见面晚相逢，算得上老相识了。那柔波荡漾的江面，那拱立在江岸的富有南方色彩的古榕、木棉、荔枝、凤凰木，在梦里也常常浮现。然而，拨开迷人的夜幕在珠江上遨游，领略那“羊城八景”之一的“珠江夜月”，却还没试过。最近，“珠江夜游”的活动又开始了，在一个周末之夜，我们几个人作了一次畅游。

这是一个“绿叶荫浓白昼长”的盛夏之夜。白天虽然也热得很，可太阳一下地，几阵江风一吹，便暑气全消。天断黑的时候，我们登上了游船。游船分上下两层，楼上和楼下都是一个大厅。坐在厅子里，便可以驰目骋怀纵览珠江景色。这时离开航还有好几分钟，游客已坐满了：有干部，有工人，有归侨——这是从他们的穿着举止上看出来的。游客中几乎全是结伴同来的，不是夫妇携同孩子，就是一对对凭栏细语的青年男女——谁猜得出他们是初游还是常客？

不知在什么时候，月亮已悄悄地升起来了，圆圆的，正落江心。整条江都笼上了一层白蒙蒙的月色，晃荡着细碎的银光。于是江面似乎豁然宽舒了，明丽了，像一幅蒙着一层水蒸气的长镜，而两岸的高楼、大厦、树荫投下的倒影，则是镶在镜框的花边。我们的视野也似乎豁然开阔了，江上的归帆、河边的小艇，以至艇上挥桡荡桨的人儿，都看得很清楚了。

珠江上的小艇是数不清的，撑篷的，敞篷的，扯帆的，没桅的，大的，小的，不断在江上穿梭，像竹叶青醇酒似的江水，被划出条条浪迹，宛如鲤鱼翻身时泛起的鳞光。这些小艇除开用来摆渡、运货的而外，有相当一部分是属于珠江三角洲一带的乡村的。它们在晚上把农副产品运出来，向广州的商业部门交售后，又连夜载着农具、肥料运回去。我们的游船经过长堤、沙面的时候，就碰到许多这样的小艇，像轻盈的燕子，一只只从我们的游船身旁掠过。艇上载满了嫣红的荔枝、碧玉般的香蕉、橘黄的木瓜、翡翠似的蔬菜。这些御风凌波的小艇，这些岭南独有的瓜果，把夏夜珠江的特色全点染出来了，叫人油然想起一年四季都是春天的珠江流域，想起那桑基鱼塘、蔗海蕉园，胸中涌起一种富足的喜悦之情。

不过，夏夜的珠江，最热闹最吸引人的还不是市区内河。在充满诗情画意的荔枝湾，那一队队舞着南风，弄着月影的荔枝树，从游船上望去，虽然只能看到朦胧的荫影，但海角红楼这边的灯光水影，却是看得真切的。那银灯照射的泳池，推波拨浪的水中健儿，以及熙来攘往于泳池旁边的游客，都历历可辨。自然，更富于诗意的莫过于轻桡慢桨的画舫了，一只只的浮满江面，那脉脉的水面上，东一颗西一颗地映着小电灯，就像天上撒下的无数星星，它们在颤动，而且溶到水面上了。远远传来一阵悠扬悦耳的手风琴声，还听到几个青年在引吭高唱，他们是工人还是学生？在这里欢度愉快的周末？

到过广州的人都会知道，珠江河面的水上居民是多得惊人的，共有六万之众。解放以前，这些人都是被污辱、被损害者，尤其是妇女，不少被迫为娼。于是，在荔枝湾这一带栖满了一种“妓艇”，专供“夜游”的官僚、地主和公子哥儿寻欢作乐。鲁迅先生在广州时，就曾对这些受凌辱的水上人家寄予过同情：“前面的小港中是十几只蜑户的船，一船一家，一家一世界，谈笑哭骂，具有大都市中的悲欢。也仿佛觉得不知哪里有青春的生命沦亡，或者正被杀戮，或者正在呻吟，或者正在‘经营腐烂事业’和做这事业的材料。”这种腐烂生活是腐烂的社会造成的。因此，当腐烂的旧社会被埋葬，这些腐烂的生活也就结束了。水上居民的屈辱，也被清澈的珠江水洗涤净尽。更叫人欣慰的却是“浮沉波浪里，生活海天涯”的浮家泛宅生活，早已变成历史。今天水上居民的咸水歌是这样唱的：“梳髻修眉上岸来，新村处处是楼台。”看吧，在荔湾公园的旁边，就矗立着一座水上居民新村，从树荫丛中，闪射出点点灯光。

在珠江，很久以来就流传着这么一个故事，从前有一位外国商人怀着一颗摩尼珠坐船来珠江，船过“海珠石”（旧址在今新堤二十号码头附近）时，那颗摩尼珠忽然飞坠江中，从此坠珠的江面夜夜闪光，因此叫“海珠”。据说珠江也是由此而得名的。这故事当然是个无稽之谈，

“海珠石”也在三十年前被填河筑路建楼房毁灭了。现在，在珠江上闪烁着光芒的却是像天蝎星座一样的灯光。

夜里在江上看灯光，确实是一种壮观，排列在两岸的街灯、码头灯，像是一支支万人游行的火炬；远处工业区的灯光更加灿烂，一簇簇，一丛丛，令人想起节日夜空的焰火，想起盛夏时怒放的凤凰花；而市区高大建筑物上的灯光，一个个方形花环似的，使人疑是珠环翠绕的天上宫阙。我们在海角红楼北望珠江大桥，看着悬在桥拱上的那十盏雪亮的水银灯，不禁为工人们的冲天干劲和伟大智慧而生起一种崇敬的感情。这座横跨珠江，把粤汉铁路和广三铁路紧紧拉在一起的珠江大铁桥，早在1933年就曾由美国马克敦桥梁公司承包建筑过，他们筑了三年零九个月时间，卷走了中国人民的大量钱财，结果只留下了十多个七斜八歪的桥墩。可是，我们的工人，解放后，在党的领导下，只花了二十个月时间，一座双轨铁路、公路两用的大铁桥便巍然屹立在珠江上。我们就是带着这种自豪感，像喝了酒一样沉浸在感情的微醺中，溯江南下，鉴赏了珠江两岸的著名工业区的夜景。

船出白鹅潭，顿然水阔天空。这儿是西江、北江和东江三条内河航运的枢纽，是珠江河面最宽阔的地方。在这儿纵览徘徊，珠江尽在望中。此时月亮已由蛋黄变成银白；天空是明净的，像一块蓝色的大理石；星星很少，疏疏落落的嵌在大理石上，忽闪忽闪的像一些细碎的云母片。这儿的水却没有天空那么静穆，波纹比市区里的内河大得多，水流也急得多，在灯月交辉下，滔滔汩汩。“月涌大江流”，至此我们才猛地意识到这是一条历史的大河，我们是漫游在祖国的第四大河上。珠江，跟我国的其他三大河流一样，波涛滚滚，永不枯竭，哺育着我国人民。

珠江呵！珠江，
忆昔秦皇大略，
为你开拓边疆。
百代英豪崛起，
为你血战强梁……

浮游在这条祖国第四大河上，看烟波浩渺，流水滔滔，很自然想起《珠江之歌》中的这些句子。是的，珠江，她流着多少英雄的热血，多少战斗的欢歌，多少可歌可泣的斗争故事呵！她是中国近代革命的摇篮。一百二十年前，震惊世界的鸦片战争就是在这儿爆发的，中国近百年反帝斗争的历史就是在这儿揭开了第一页。而在中国共产党成立后，在党的领导下，珠江的革命浪涛掀得更高，在这儿发生了世界史上规模最大、历时最长的一次罢工——省港大罢工；在这儿，诞生了东方第一个苏维埃——广州工农民主政府……而珠江，就是这一切历史的见证人。

这时，月亮已经升到中天，南风凉快，月色正浓，游船要返航了。只见江左边树影幢幢的珠江三角洲，一片恬静，劳动了一整天的农民，大概都进入睡乡了。江岸的水上居民新村，灯火也一盏一盏的熄灭了，曾经终日为台风暴雨担愁的水上居民，现在大概也回到新居高枕无忧了。可是，广州市区却还醒着，一派喧腾，汽车来来往往，行人熙熙攘攘，珠江沐浴着明月的清辉，更显得妩媚了，在习习的南风抚拂下，晃荡着，晃荡着……

选自《澳门日报·新园地》副刊 1961 年 7 月 30、31 日

《好嘢，北京路》序

刘斯奋

“北京路就坐落在这林林总总的历史遗迹之中，也因此之故，她虽然只是一条路，但凭借广州古城发展的中轴线的地位，无形中却串起了广州的千年历史。”

作者介绍

刘斯奋（1944— ），广东中山人。历任广东省文联主席、广东画院院长等。2015年被授予第二届广东文艺终身成就奖。长篇历史小说《白门柳》获第四届茅盾文学奖。编著有《陈寅恪晚年诗文及其他》《苏曼殊诗笺注》《周邦彦词选》《姜夔张炎词选》《唐宋诗词彩图辞典》等。

老友章以武兄最近主编了一本散文集，取名为《好嘢，北京路》，并让我为之写序。老章是浙江人，也许大半辈子都已经“卖”给了广州的缘故，对第二故乡可谓一往情深。从早年脍炙人口的《雅马哈鱼档》到现在这本散文集，他的关注点始终没有离开过广州。这一次更干脆把广州话“好嘢”都搬上书名。这个“嘢”字查字典，有多种理解，但这些解释用在这里似乎都不太合适。仔细想想，“好嘢”，应该就是“真棒”。那么顾名思义，这该是一本为广州北京路喝彩的散文集。

说到这条北京路，确实是大大有名。因为她在广州居民中无人不知，就算是初来乍到的外地游客，也很少没有听说过她的芳名，而如果不曾前来逛上一回，那么过后说起广州之游，也难免会落下遗憾。何以这样说呢？很简单，就是因为这条北京路，真是“好嘢”！

说她“好嘢”，是因为她坐落在越秀区。这是广州历史最悠久的一个地段。早在两千多年前，秦始皇一统天下，设立南海郡的时候，郡治就设立在这里。其后，历经世事的陵谷变迁，城区的不断扩展，身处历史起步原点的越秀区，始终见证着广州的巨大变化。当然，也留下了大量不同时代的历史遗存，如五仙观、西汉南越王博物馆、镇海楼、六榕寺、光孝寺、中山纪念堂、广州农民运动讲习所（番禺学宫），广州起义烈士陵园等古代至近现代的历史遗址。至于进一步向周边延伸，那就更加不可胜数了。而北京路就坐落在这林林总总的历史遗迹之中，也因此之故，她虽然只是一条路，但凭借广州古城发展的中轴线的地位，无形中却串起了广州的千年历史。其格外令人瞩目，也就毫不奇怪了。

说北京路“好嘢”，还因为她不仅处于众多名胜古迹的环绕之中，而且自古以来，她就是城中一条南北向的主要街道。经历了南汉、宋、元、明、清、民国，直至新中国成立后，虽然路名曾经一改再改，最后定名北京路，但是作为广州政治、经济、文化发展最早的一条主干道，她自身还集中了秦番禺城遗址、秦汉造船工场遗址、西汉南越国宫署遗址、唐清海军楼遗址、南汉御花园、大佛寺、明城隍庙、明清大南门遗址、清庐江书院、万木草堂等多个文化古迹。可以说，她本身就是一件具有颇高价值的文物，可供人们发思古之幽情，细细摩挲品味。

说北京路“好嘢”，当然顶重要的，还是改革开放以来她发生的天翻地覆的变化。作为一个“老广州”，我自然从小就知道当时还叫作“永汉路”的她，也见证了其改名为北京路，更目睹她从一条虽然路面较为宽阔，却未见得有多么与众不同的街道，如何在四十年前，积极响应党的十一届三中全会的号召，在全国率先迈出改革开放的步伐，大胆尝试，勇于实践，终于破茧成蝶，一举变身为全广州最繁华的一条商业步行街。除了新大新公司等老字号重新焕发青春之外，更有雨后春笋般迅速涌现的大小商场和店铺，各种日用百货、时鲜花果、茶点美食琳琅满目、应有尽有，还有摩肩接踵、日夜不息的中外客流。这种变革所带来的巨大经济效益，使北京路很早就惊艳八方，闻名遐迩。如果考虑到作为一个成功的范例所产生的“蝴蝶效应”，那么北京路对推动广州改革开放的贡献，还不能仅仅用物质、数字去衡量。近年，越秀区不满足于把北京路的发展仅仅局限于商业范围，还以此为平台，组织举办了一系列有影响的文化活动，并使之节日化、常态化，努力提升北京路的文化内涵和品位，则无疑更是富有远见之举。可以说，时至今日，这张日新月异的广州名片正变得更加亮丽、迷人。其前景也更加值得我们期待。

想来因为北京路有这么多的“好嘢”，所以才催生出这本《好嘢，北京路》。这是章以武老兄受越秀区委托，组织广州多位文坛高手撰写的一本散文集。分别从“千年历史人文”“广府狂欢”“商业步行街”“老字号变迁”“个体商户”“老街新路”“美食地图”“建筑变迁”八个方面，对北京路进行全方位的、立体的、纵深的揭示。以作者们对广州的熟悉和一往情深，加上独到的思考、精妙的文笔，可以毫不怀疑，这本散文集对广大读者进一步了解北京路，必定大有裨益，并且会受到大家的欢迎。

因此之故，我愿意在此也由衷地喝一声彩：“好嘢！”

选自《好嘢，北京路》，广东教育出版社，2019 年版

那时，省城

刘荒田

“我最爱的是阳台。不管天气多热，长风从这里灌入，暑气尽消。伏在栏杆的‘石米’上鸟瞰，市井人生在路面。”

作者介绍

刘荒田（1948— ），广东台山人，1980年移居美国。已出版散文随笔集38种，诗集4种。所著《刘荒田美国笔记》获首届“中山杯”全球华侨文学奖散文类“最佳作品奖”。

深秋的午后，一位在广州住了三十多年的乡亲领着我和妻子闲逛。我说我要去大德路，因为20世纪六七十年代，我从乡下来这里，必投奔其中一栋铺子三楼的一个房间，那里住着我叔父一家。旧广州的微观，于我就是这极普通的一隅。去国大半生，叔父早已去世，婶母和她的女儿一家搬进东较场附近的新公寓，可是我常常想起大德路。不久前，婶母的女儿锦芳告诉我，他们租住过三十多年的楼宇还在。

那好，我们去寻找故地。进了大德路，一切都陌生。一下子就走到尽头，比较印象中的旧街，参照物荡然无存。失望地离开，折回解放中路，发现方向错了。穿过大街，回到大德路另一段。渐渐地，走出感觉了。尽管从前冷冷清清的骑楼，空荡荡的人行道，如今遍布摊档和门市部，但从一栋庞然大物可追溯到它的前身——机电局大院。往前，排着三栋三层高的铺子。从前，外墙是俗称为“石屎”的水泥批荡，一派黑中带青的色调，如今刷为白色。夹在招牌、橱窗以及螺丝、水管、刀具、模具摊档中间的水泥楼梯，是不是昔年我托着自行车上下过无数次的？难以确认。骑楼下徘徊，想找人问问，好几个擦肩而过，可是，不知如何开口……

“就是这里！”妻子站在一条巷子和大德路的交界处，大声说。我精神一振，问她凭什么这么肯定。妻子和这地方的渊源不深，我们结婚以后她只来过几次，我却是从少年时代起就和它结缘的。妻子的回答是，一个小女孩曾站在这里，仰头高叫“刘锦芳！”——刘锦芳，是我叔婶的独女，当年才上小学，在巷口高叫的女孩是她的同学，要和她结伴上学。这一声呼唤，穿过悠远的岁月，经我妻子之口复制。妻子继续说，地下的话音刚落，稚气的刘锦芳便在三楼回一声“来啦”，背起书包，兴冲冲下楼去，手里拿着一个妈妈塞给她的面包。这场面，妻子不但目击，还从窗口探头，看了看巷口的小女孩。她是谁？也许只有如今女儿也上了大二的堂妹刘锦芳记得。可是，和我们这些乡下来客漠不相关的一声，老妻依然模拟得无比生动。

就这般，神经打一个激灵，“昨天”复活！

那是60年代末期。我在这铺子三楼的前房住了一个多月。这是第二次在广州长住。前一次是上初二那年的暑假，叔父在越秀区文化馆供职，住在馆内。我在乒乓球室睡球台。一位馆员的儿子陪我玩耍，送上一句现编的童谣：“台山仔，抬棺材。”印象最深刻的，是城里没有蚊子。在家乡，这季节的蚊阵在身上制造无数红斑点。

这一次，对城里人的“闪功”叹为观止。三楼的过道阔只三四尺，靠墙放一排自行车或杂物。两个人相遇，须有一个退后，或缩进旁边的房间。这可是“要冲”，住客数十，老少咸集。主妇口叼烟卷，双手提着一个瓦煲，一路吆喝“滚水，行开”从厨房的最黑处跃出。赶着上学的孩子“狼奔豕突”，居然没听说过有人被撞倒。

厨房里，一户一个炉子，烧的是蜂窝煤。15 瓦的灯泡被烟熏黑，光线黯淡。每天各做各的三餐，早上是白粥加买回来的油条。午餐和晚餐，七八个铁锅爆炒，锅勺碰撞，水喉下洗菜，砧板上切肉，幸亏掺和杂沓的说笑声，不然，听来与战场无异。红烧肉的浓香、葱蒜味、西洋菜汤味、鱼腥味，被蜂窝煤完全燃烧时的辛辣味贯穿。逢节庆，巧手主妇在这里整出八个荤菜，走出来，颊下轻敷一层黑粉，那是煤灰。菜做完，所有炊具和食物搬进房间。

无论人口多少，每个住户一个单房，大小有别，面积都不到 20 平方米。幸亏天花板很高，聪明人从乡下弄来杉木和木板，加建阁楼，作为卧室。每户之间只隔一道杉皮做的薄墙，高不到两米。声音相闻，无所谓隐私。叔父一家住靠阳台的前房，是所有住客眼红的“光猛”之地。贴邻是鞋匠老于一家，夫妻加上严肃的长女和三个被妈妈骂为“生虱马骝”的顽皮弟弟。老于的另一边，住着在永汉北路一家商店当店员的夫妇和一个女儿，永远是静悄悄的。厨房旁边，有一个小房，主人是独居一辈子的陈小姐，和两只从来不叫的猫。门永远紧闭，怪不得我不知道有人住。连楼梯上方的空档，也是住房，不足五平米，住着教育局科员郑先生，女朋友鬼祟地来过夜，邻居们装作不知道。郑先生爱向我这个土包子谈哲学。

我最爱的是阳台。不管天气多热，长风从这里灌入，暑气尽消。伏在栏杆的“石米”上鸟瞰，市井人生在路面。

叔父在阳台一侧，盖了一个占地一平米的“杂物房”，以沥青纸为顶，厚纸板为墙，用来放藏书。我倚栏读《鲁迅全集》入了迷，被叔父看到，他说，你搬回乡下好了，那是十卷精装本。

对了，刘锦芳当年就是从阳台上现身，回应巷子口的呼唤的。我对老妻说，没错！抬头看，叔父当年在阳台上搭的违建，早已消失，换上双层玻璃窗。

当然，那房间无权进入，从各个方向饱看一遍，还与妻子讨论，去国前一家四口一起来省城，投宿于此，床放在哪里，都记不清了。

选自《羊城晚报》2023 年 5 月 11 日

盘福新街

张梅

“盘福新街建起来的时候，正是广州城最美丽的时候。所有在60年代初去过广州的人，都会对她的美丽赞不绝口。”

作者介绍

张梅（1958— ），生于广州。国家一级作家。曾任《广州文艺》杂志主编、广州市文学创作研究所所长、广州文学艺术创作研究院院长、广东省作协副主席、广州市作协副主席等。著有《张梅自选集》《女人、游戏、下午茶》《酒后的爱情观》《破碎的激情》《游戏太太团》《暗香浮动》《口水》《夜色依然旧》《我所依恋的广州》，电影、电视剧剧本《周渔的火车》《大江沉重》《非常公民》等。

在新近的广州市的版图上已经看不见“盘福新街”这个地名了。盘福新街就像在任何一座现代化城市里的许许多多的忽然消失的某幢楼房、某所学校、某间馄饨店或者某棵树木一样，消失了，就不会再让人想起。因为现代的生活节奏，甚至不会令人去感叹和回忆。

听到盘福新街将要被拆掉的消息的那天晚上，我做了一个梦。梦到在盘福新街的那间老宅的后院里，在母亲亲手种下的鸡蛋花树的树下，挖出了一艘玉船。玉船被挖出来的时候，泛着老玉的光泽。老人说，梦里的玉都是福气。

梦做到一半就醒了。漆黑的夜里，恍然就睡在旧时的房间里，窗格子是木头的，窗的玻璃晃着米兰树的影子，窗前是一张很旧的书桌。

这一生搬了很多次家，不知住过多少地方。但除了盘福新街，都不会梦到。那间老宅，一次次地在梦中出现，是那么清晰，带着某种温暖，使你在黑暗中潸然泪下。

盘福新街不是一条街，而是一个大院。建在广州市越秀山南门正对着的盘福路上，原来叫“高级知识分子宿舍”，后简称为“高知宿舍”。后来觉得此名太张扬，就改名为“盘福新街”。

盘福新街是陶铸在广州当市长时给知识分子盖的示范单位，广州还有一处著名的，是“湖边新村”，多为画家音乐家居住，我的许多小学同学也住在那里，现在也拆了，建起了省画院。

盘福新街是1958年建起来的，我也生在那个地方。开始是两幢三层的建筑，每幢有六个门牌，长长的一溜。楼下一层的后院都是通的，我们一群小孩子常常在后院里捉迷藏和玩各种游戏。当时我家住19号一楼。听我母亲说，我家搬来得比较早，所以就先挑的一楼。那时人的观念不同现在，喜欢住楼下，因为有前后花园，还阴凉，出入也方便。现在想起来，主要是那时治安好。

这两幢楼，前面的一幢住的多是教授一级的医生，其中有一个很著名的胸外科医生杨爱莲，她的女儿很小就开始练习小提琴，现在也不知道是不是还从事音乐工作。另外一个消化道专业的潘医生，有一个非常美丽的女儿，后来是省歌舞团的当红舞蹈演员。我们这一幢多是建筑设计方面的工程师。因为我父亲当时在建委工作，所以也和工程师们住在一起。慢慢院子里又盖多了三幢房子。一幢依然是三层，住的多是高级干部，另外两幢是四层的，住得就比较杂，有艺术家，也有高级干部。当时一个很出名的画家陈洞庭也住在那。记得他背有点驼，黄昏时候常下楼喊他的儿子回家吃饭。他的楼上住着岭南画派的蔡迪之，楼下是名气很大的画院院长胡根天先生。在盘福新街旁边的一幢旧房子，是汪精卫在广州时的别墅。

因为那时并没有实行计划生育，而且是向苏联学习，生得越多越好。五个以上的就是英雄母亲。因为我是家中第五个孩子，也是最小的一个，所以我有时怀疑母亲是否是为了当英雄母亲才把我生下来的。

这样，几乎每家都有四五个孩子。整个大院就成了孩子的天地。

盘福新街建起来的时候，正是广州城最美丽的时候。所有在60年代初去过广州的人，都会对她的美丽赞不绝口。这首先在于她的绿化和安静。而在这两点上，盘福新街和她所在的盘福路可称为代表。

当时的盘福路两旁没有超过四层的建筑。路边的建筑除了盘福新街，有市一人民医院、陆军医院宿舍、市人委宿舍、盘福路小学、第二十七中学，路头是现在挖出了南越王墓的象岗山，正对着越秀山的镇海楼和五羊雕像。整条路两旁是遮天蔽日的大榕树，不知那时的速写王陈洞庭先生，有没有把当时的盘福路画了下来。

而我们住的盘福新街，则更是鸟语花香，安静怡人。所有的空地都种满了台湾草，草地的边上有红砖砌着三角形的狗牙，那时我们常常摇摇摆摆地走在这些狗牙形的红砖上。院子里到处种满了米兰树、鸡蛋花树、榕树、紫荆树、香蕉树、木瓜树和各种各样的花卉。现在想起那时的安静，真是觉得不可思议。中午时分，放学回家，院子里静得令人可怕。想来那时的人比现在的人有教养，没事就躲回家里，自己干自己的。不像现在的人，没事也要在门口聚着，说三道四。想想我后来不愿和别人多说话的性格，也许就是那时的安静培养出来的。

院子里，在花草之间，还砌了石桌石凳，长长的一条麻石砌一张长凳子，我们一群小孩黄昏时候都坐到上面乘凉。满眼都是树木和花朵，从没有想到在今后的岁月里见到一棵树都要惊喜的。

那时的邻居关系非常好。家里煮了绿豆糖水，母亲也要叫我送到楼上和隔壁的。隔壁家的炸了油角或者蒸了萝卜糕，肯定家里马上会有一份。隔壁家有三个孩子，大女孩和我一样大，叫亚娜，小女儿叫妹妹，还有一个很小的男孩子，都叫他弟弟。两个女孩子都长得十分漂亮，大的浓眉大眼，小的秀气甜美。说到女孩子的漂亮，盘福新街可算是美人窝。后来再也没有看到有一个地方是这样集中的有如此多美丽的女孩子。而且这些女孩子因为家里的条件好，一个个气质都是非常好。我家对门有一家姓沈的，两姐妹都长得漂亮。还有那些和我亲密或不亲密的女孩子们，一个个是如花美貌。至于似水年华，那真是以后的事情了。后来的广州城市规划设计院吴院长的三个千金，大女儿小桦聪明漂亮，少年时代也是喜好文学。我现在保存的一本《白香词》就是我在下乡之前她送给我的，陪着我度过了在乡下的多少个不眠之夜。这么多漂亮的女孩子，这个大院十足一个大观园。但很可惜出不了贾宝玉，因为那时分男女界线，男孩子和女孩子彼此都不说话。

“文革”开始，盘福新街的许多户人家，都受到了冲击。然而即使在这种背景下，我们这群小孩子还是疯玩。因为闹“文革”，基本是不用上课的。于是我们一群孩子每天都在想尽办法玩各种各样的游戏：跳橡皮筋、捉迷藏、到越秀山爬山，甚至还自发组织起来，到马路上截住行人让他们背毛主席语录，背得出就放走，背不出就不放。记得那些可怜的行人背得最多的是“下定决心，不怕牺牲”这一条。我姨妈那段时间曾来家里住过一段时间，前两年去上海看她，她记起那时的事情，说我小时候“皮”得不得了，她从没有看见过我是从门口进家门的，都是从阳台翻进去的。

即使在这种背景下，院子里还是充满了音乐。住在隔壁二楼的一位我现在都想不起样子的人，总在靠着我们后院的房间里拉各种各样的小提琴乐曲，还有 16 号一楼拉提琴的男孩，还有拉手风琴的珠珠。后来看电影《城南旧事》，就总会想到在盘福新街的那一段生活。背景不同，但却是如此相像。

只是院子里却一天比一天萧条了。花木零落，石桌石板也给一些外面的人搬走。渐渐随着时代的发展，盘福路也愈来愈吵闹。总之是“文革”一过，院子就元气大伤。我们家也是一过“文革”，元气大伤，家道中落，母亲亲手在门前种的米兰树也给砍掉了。在 1979 年，就搬出了盘福新街。

之后就很少回去。但总会听到旧日的邻居搬走的消息。有时走过，会有意绕道在 19 号的门牌前停一下，看看被砍掉的米兰树的残根；恍惚间，会想起那时意气风发的二哥带着他的红卫兵朋友在临街的这间房间里唱俄罗斯民歌或讨论车尔尼雪夫斯基的《怎么办》；恍惚间，会听到小朋友珠珠边拉手风琴边用她的美丽的声音在歌唱。真是往事如烟。

这么多年来，虽然盘福新街一直在梦中出现，但从来没有去写过她。有一次盘福新街的从前的小朋友聚会，她们对我说："你怎么不写一写盘福新街。"直到盘福新街被现代化铲平了，没留下一点点的痕迹。美丽的盘福路也成了乱糟糟的地方，榕树也给砍掉，昔日的风景不再。这时候，盘福新街已经愈来愈少地出现在我的梦里。这时候，我突然那么深刻地怀念起这块地方。

旧日永远是美好的。

选自《作家》1999 年第 6 期

谒万木草堂

黄国钦

"万木草堂是一面镜子，北京路街区，因为它的存在，而显得不那么世俗，那么烟火味。它给人一种悠远，一种旷达，一种精神的淘洗，和文化的抚摸。"

作者介绍

黄国钦（1954— ），广东潮州人。中国作协会员，广东省作协主席团成员。著有艺术散文《中国木雕（广东卷）》，城市传记《潮州传》，作品集《心路屐痕》《梦年纪事》《青春笔记》《兰舍笔记》《花草含情》等。

万木草堂，一直就藏在我的心里。

1991年夏季，我住在文德北路的一栋楼里，那时候，就常常听说长兴里的万木草堂了。很想去看看，但不敢去。一个书院，一座祠堂，后来变成了大杂院，四十几户人家，上百号人，挤住一起，看什么看？

心仪万木草堂，主要是康有为、梁启超，一个老师，一个学生，在近代中国，那是一个什么分量。

那时候，中山四路的妙奇香茶楼还在，我们就在二楼的南窗坐下，吃粤式茶点，聊妙奇香的掌故，说说毛泽东、鲁迅在这里吃茶，周恩来邓颖超在太平馆婚礼，再起身，望一望南窗下的长兴里，遐想一想康有为。日子里有些怀念，有些话题、趣谈，也是蛮惬意哦。

万木草堂，就是一个念想。

谁都不会想到，一座没落、废弃的书院，也会修整重光，傲立人前。前些年，去北京路，路过中山四路，就看到长兴里敞亮出来，邱氏书室的山墙门面，也显山露水，灰脊青砖，黛瓦黑檐，在四周高楼广厦的簇拥中，焕然夺目，不同凡响。这样的襟怀作为，真让人舒心宽慰。

康有为那一辈人，读书都是私塾、书院。一个老师，对于一个学生的教诲引导影响，是一辈子一世人。就像三味书屋对于鲁迅，礼山草堂对于康有为。我曾经数次去过南海，去拜谒康有为的祖居，和他读书的礼山草堂。康有为是南海人。在民国以前，广州市还没有建置建制，广州城是以北京路为界，东边的属于番禺县辖，西边的，是南海县辖。这样的管辖格局，可能只有广州，别的地方，好像还没有听说。不要小看这样的格局，因循下来，沉淀累积，就会变成一种文化，一种心态，开放、宽容、包容、接纳、共享的心态，我中有你，你中有我，不会泾渭分明，井水河水。

前一次到万木草堂，是一个上午，去年的年末。草堂寂静，阳光从南墙筛落下来，洒满一地石板。偌大的草堂，就我一个人，驻足、流连，细细端详。康南海的气息还在，万木草堂的中堂匾，就是他的手泽。有清一代，康有为也是著名的书家之一，他提倡碑体，用北魏的雄强，扫涤清代帖体书风的萎靡和馆阁体的呆板笨气，是振臂一呼的书坛健将和理论雄镇。他用茅龙笔写的北碑书法，今人很难企及。我笑对先生的书法，大有心得。万木草堂，这四个字，先生用的是破体，万是草书，木草堂是楷体，带行带隶。

当下一段时间，书坛纷纷扰扰，对破体书法大加鞭挞，大加抨击，孰是孰非，可不可以，岂止是只听某些人的臧否评论，倒不如看看晚清书坛领袖的身体力行，听听他用作品的示范宣教。

万木草堂是一面镜子，北京路街区，因为它的存在，而显得不那么世俗，那么烟火味。它给人一种悠远，一种旷达，一种精神的淘洗，和文化的抚摸。康有为也有那种魅力，文化盟主的身份，让人总想与他亲近。

半年后的一天，我又来到草堂。下雨，大雨。人们总爱用风、雨，来形容某种心情，描叙某种瞬间、某种际遇、某种历史断面。滂沱大雨之中，我坐在大厅用板壁隔开的后厅，面对着河南堂的一溜座位，面对着雨帘中崇经堂额上的一方天空，那是一方我曾经熟悉的天空。遥想过去，草堂的南墙、后墙外，就是文德北路，当年，写《三家巷》《苦斗》的欧阳山，写《香飘四季》《羊城暗哨》的陈残云，写《艺海拾贝》《社稷坛抒情》的秦牧，都工作、居住在这里。

昔日的思绪奔涌而来，又倏忽而去。耳边的雨滴，时小时大，檐声滴滴答答。康先生在这里做完《长兴学记》《万木草堂口说》之后，也是一个雨天，走向风雨如磐的中国。

大半个时辰以后，雨有点消停，我蹚着雨水，向城隍庙走去。城隍庙，又是广州城的一段历史。

选自《潮州日报》2019 年 8 月 20 日

寺贝通津那条小街

卢锡铭

“寺贝通津是东山的一脉，且是很具象征意味的一脉。你看，光街名就有它的特色。所谓寺贝，就是东山寺的高坡；通津，则是通向渡口的要道。”

作者介绍

卢锡铭（1947— ），广东东莞人，中国作协会员，曾任广东教育出版社社长，广东省期刊协会会长。著有散文集《潇洒夜语》《带走一盏渔火》《云水问渡》《枕水听涛》，其中《带走一盏渔火》获全国第四届冰心散文奖。

寺贝通津位于东山，全长不到一里（500米），可以称得上是全广州市最短的马路之一。与其说它是一条路，不如说它是条小街更为贴切。但千万不要视其短而小观它，从某个角度说，它是广州的一个缩影。在近代，广州流传这么句俚语：东山少爷，西关小姐。其意是说，东山住的大都是达官贵人的公子哥儿，西关住的多是富商巨贾的千金小姐。这可挑明了这座城市地域文化的差异性，因为中华人民共和国成立前，西关一带是繁华的商业区，是商家的必争之地；而东山一带则是幽静的别墅区，当然是有权有势之人的理想居所。

寺贝通津是东山的一脉，且是很具象征意味的一脉。你看，光街名就有它的特色。所谓寺贝，就是东山寺的高坡；通津，则是通向渡口的要道。我们不妨按照它的名字，振动一下想象的翅膀，修复一下它当年的面貌：在东山的一个林荫蔽日的坡地上有一座小寺，寺旁有一条弯弯的幽径通向一个渡口，在那并不怎么宽的小河上，停泊着数艘小艇，在朦胧的月色下摇曳着数盏疏疏的灯影。多么有江南小镇的那种诗情、那种画意、那种风韵。这种想象并不是凭空臆造，就在离寺贝通津不到百米之遥的新河浦，目前还保留一条通向珠江的小河，人们还在那里钓鱼捕虾呢。

到了现代，这片清幽之地，被达官贵人盯上了，他们纷纷在这里占地而居，在这宽不到数丈的马路两旁，以及它的横街小巷建满了小洋房，每幢小洋房都有一个小围园，都有一个雅号，寄予着主人的心境和追求。这里，看不到一间西关大屋，也看不到一间三进四室的岭南民宅，主体建筑几乎清一色是西式风格，而每幢楼也几乎糅进了一些中国的传统工艺。再看，这个园那个园的称谓，也无不透露出封建士大夫的遗风，看得出中西方文化在这里交汇碰撞擦出一串串火花来。

最具代表性的一座建筑恐怕要数隅园了，这座小洋楼建于 1932 年，分东西两座，整体风格源于英国，设计者在建筑装饰里融入中国的特色，楼顶是湛蓝的琉璃瓦，层分三级给人以高低错落之感，阳台一反英式全封闭的模式，设计成凹进去的通气阳台，在英式梁托上加上中国特有的吊钟花形，这就融进了岭南建筑的风格。院内有前后花园，园中有典雅的假山，有别致的凉亭。四周种满了花旗杉、白玉兰和红棉树，这些花树，枝繁叶茂，相拥成翠，深得苏州园林的意蕴，这种建筑风格曾被人称为“西曲中词”。其实，这种中西合璧的建筑风格大都跟主人的文化背景有关。比如隅园的主人伍景英便是晚清时期清政府派往英、美学习制造舰艇的留学生，1920 年 2 月，他学成回国，由海军部派往上海江南造船所工作。1925 年国共合作在广州成立海军局，他被召回广州担任海军造船总监，为广东革命政府服务期间，设计了广东舰队的四艘巡洋舰，在抗战期间，参与了设计虎门水域的布雷工作，阻止了日军的虎门登陆计划。

这条路颇受西方文化影响，在方圆不到数里的弹丸之地，竟有四所教会学校。一是以"培正"冠名的小学和中学，另一是以"育才"冠名的小学和中学。看得出当初两大教会都在这里摆设教育的擂台。由于管理的科学，治学的严谨，校风的淳朴，师资的精良，这些学校百年不衰，直到目前依然是省市的重点学校。

除了办学之外，教会在这里还设有教堂。在育才小学旁就有一间基督教堂。教堂不大，但尚可容600余人，是一法式建筑，石米批荡的墙，朱红色铁皮瓦的房顶。墙上爬满了爬墙虎，秋风一吹斑斓得七彩纷呈，一副法国小镇教堂的派头。一到礼拜日，就分外热闹，不到中午十二点，寺贝通津这条小街便塞满前来祈祷的人群。间或有来教堂举行婚礼的，那时就更为热闹了，教堂外停满花车，教堂内铺上红地毯，长桌上坐满来祝贺的亲友。当然，最热闹的要数圣诞节了。除了平日前来做礼拜的信徒之外，还多了一大群前来凑热闹的青年男女，平日讲圣经的讲台搭起了舞台，唱诗班的歌声此起彼落，一直闹到凌晨一两点始肯散去。

教堂旁是寺贝通津一号大院，这原是一块高地，当年的东山寺就建在这里，据考证大概是建于明代，不知什么时候，小寺已经被湮没，取而代之的是教会。这教会大概是20世纪之初成立，那幢巍巍然耸立在高地的教会大楼，如今已成为共青团广东省委的所在地，这幢西式建筑，虽经一个多世纪的风风雨雨，依然气宇轩昂，那朱红色的楼顶，虽然有点褪色，但在朝阳与落日的辉映下依然反射出炫目的光，与教堂红色的尖顶相映成趣。这里可算得上是一块风水宝地，地呈坡形，高低错落，大院内古木参天，古榕、古樟大得两人合抱不拢，白玉兰则高与楼齐，古榕似长髯飘飘的长者，白玉兰则像亭亭玉立的少女，微风轻拂，长髯起舞，暗香浮动。

寺贝通津有一种与生俱来的优雅、散淡与悠闲的气质。距它百步之遥，便是广州商业中心之一的东山百货大楼，与它相接的就有庙前西与龟岗两条有名的步行街。耸立在龟岗顶的东山酒家是百年老字号的酒楼，酒楼前还保留着一棵古榕，当年拍摄《羊城暗哨》就选它为背景，它象征着广州的老街。在步行街上还保留着一批老店，有钟表铺、照相馆、大学鞋店、八百载腊味档等等。

从龟岗往下走不到百米，便是东湖公园，这可是休闲的好去处。东湖占地 300 余亩，终年碧波荡漾，四季花树争妍，湖中有九曲桥可供闲庭信步，岛中有钓鱼台可放线垂钓，湖畔有垂柳拂椅让你静坐神思。这里几乎成了退休人员的乐园。

寺贝通津还有两张耀目的名片，一张旧名片便是与这小街相连的抚恤路，有一幢名曰“春园”的小洋房，就是当年中共中央的所在地，中共第三次全国代表大会是在抚恤路召开的，如今还保留着当年的会址。还有一张新名片就是小街尽头的东山少年宫，有一个小云雀合唱团，这小云雀的歌声远涉重洋，唱遍四大洋五大洲。

小街两旁小洋房的主人不知哪里去了，而隅园的主人伍景英先生在中华人民共和国成立后担任海军南海舰队修造部总工程师，为人民海军的建立立下汗马功劳，1993年辞世，享年103岁。这些小洋房大都成了侨房，它们多由亲友来打理。改革开放以来，这里又呈现一派生机，为了保存东山原来的风貌，市政府下令这类小洋房一律不准拆迁，如今兴起一股重修之风，隅园便是其中一个，区政府还在小楼前立了一块碑。什么时候，市政府像对西关一样，下决心恢复一下东山的旧貌，挖掘其文化的底蕴，使其成为广州另一张老字号的名片？这恐怕不仅仅是东山人才拭目以待吧？

选自《作品》2009年第3期

岭南四季：热带节气

春来忆广州

老舍

“大街小巷，院里墙头，百花齐放，欢迎客人，真是‘交友看花在广州’啊！”

作者介绍

老舍（1899—1966），原名舒庆春，字舍予，北京人。1949 年后历任政务院文教委员、中国作协副主席、中国文联副主席等职。1951 年被北京市人民政府授予“人民艺术家”称号。著有长篇小说《猫城记》《离婚》《骆驼祥子》《四世同堂》《正红旗下》，话剧《龙须沟》《茶馆》等。

我爱花。因气候、水土等等关系，在北京养花，颇为不易。冬天冷，院里无法摆花，只好都搬到屋里来。每到冬季，我的屋里总是花比人多。形势逼人！屋中养花，有如笼中养鸟，即使用心调护，也养不出个样子来。除非特建花室，实在无法解决问题。我的小院里，又无隙地可建花室！

一看到屋中那些半病的花草，我就立刻想起美丽的广州来。去年春节后，我不是到广州住了一个月吗？哎呀，真是了不起的好地方！人极热情，花似乎也热情！大街小巷，院里墙头，百花齐放，欢迎客人，真是“交友看花在广州”啊！

在广州，对着我的屋门便是一株象牙红，高与楼齐，盛开着一丛丛红艳夺目的花儿，而且经常有些很小的小鸟，钻进那朱红的小“象牙”里，如蜂采蜜。真美！只要一有空儿，我便坐在阶前，看那些花与小鸟。在家里，我也有一棵象牙红，可是高不及三尺，而且是种在盆子里。它入秋即放假休息，入冬便睡大觉，且久久不醒，直到端阳左右，它才开几朵先天不足的小花，绝对没有那种秀气的小鸟做伴！现在，它正在屋角打盹，也许跟我一样，正想念它的故乡广东吧？

春天到来，我的花草还是不易安排：早些移出去吧，怕风霜侵犯；不搬出去吧，又都发出细条嫩叶，很不健康。这种细条子不会长出花来。看着真令人焦心！

好容易盼到夏天，花盆都运至院中，可还不完全顺利。院小，不透风，许多花儿便生了病。特别由南方来的那些，如白玉兰、栀子、茉莉、小金橘、茶花……也不怎么就叶落枝枯，悄悄死去。因此，我打定主意，在买来这些比较娇贵的花儿之时，就认为它们不能长寿，尽到我的心，而又不作幻想，以免枯死的时候落泪伤神。同时，也多种些叫它死也不肯死的花草，如夹竹桃之类，以期老有些花儿看。

夏天，北京的阳光过暴，而且不下雨则已，一下就是倾盆倒海而来，势不可当，也不利于花草的生长。

秋天较好。可是忽然一阵冷风，无法预防，娇嫩些的花儿就受了重伤。于是，全家动员，七手八脚，往屋里搬呀！各屋里都挤满了花盆，人们出来进去都须留神，以免绊倒！

真羡慕广州的朋友们，院里院外，四季有花，而且是多么出色的花呀！白玉兰高达数丈，干子比我的腰还粗！英雄气概的木棉，昂首天外，开满大红花，何等气势！就连普通的花儿，四季海棠与绣球什么的，也特别壮实，叶茂花繁，花小而气魄不小！看，在冬天，窗外还有结实累累的木瓜呀！真没法儿比！一想起花木，也就更想念朋友们！朋友们，快作几首诗来吧，你们的环境是充满了诗意的呀！

春节到了，朋友们，祝你们花好月圆人长寿，新春愉快，工作顺利！

选自《羊城晚报》1963 年 1 月 25 日

迎春时节在羊城

周瘦鹃

“只见满街是人，满街是花，嫣红姹紫，斗艳争妍。”

作者介绍

周瘦鹃（1894—1968），江苏苏州人。历任中华书局编辑、《礼拜六》周刊主编、江苏省文史研究馆馆员等职。著有《新秋海棠》《行云集》《紫罗兰集》等。译作有《世界名家短篇小说集》《欧美名家短篇小说丛刊》等。

20年来，年年总是在苏州老家度春节，年年除夕，也总是合家团聚，要吃一顿所谓“团圆年夜饭”。膝前有了4个小女儿，老是缠绕不清，等于背上4个小包袱，更觉得家离不了我，我离不了家。1961年的严冬腊月，我却狠一狠心，抛下了家，千里迢迢赶到羊城来，自顾自地欢度春节。我生肖本来属羊，到了羊城，真是得其所哉；连4个小家伙常年老例的压岁钱也赖掉了。

小除夕刚从海南岛满载着五色缤纷的贝壳和石块飞回来，正在反复欣赏，如获至宝；却被《羊城晚报》记者俞敏同志拉去逛花市。我原是被花市像吸铁石般吸引来的，如今有了这识途老马，正中下怀，于是忙不迭地跟着就走。花市上的万紫千红，多半是旧相识，当然如见故人。只有那吊钟花却是新朋友，顿时一见倾心；横看竖看地看了好一会，才向它道了晚安辞别了。

第二天白天，觉得犹有余恋，因又呼朋啸侣，重逛花市；只见满街是人，满街是花，嫣红姹紫，斗艳争妍。我正觉得眼花缭乱口难言，呆住在人海花海中，却不料偏有一位摄影记者拉住了俞振飞同志要拍照，而振飞偏又拉住了我。于是来一个合作，随便从近旁竹架上捧起一盆多肉植物“粉玉莲”来，由我捧在手上，做了个共同欣赏的姿态，给收进了镜头。当下总算完成任务，双双逃出了重围，我暗暗地说一声再见，告别了花市。这晚就是大除夕，多承省委和省人委领导关怀我们这班他乡之客，特地邀请我们在宾馆的宴会厅上吃一顿团圆夜饭；一再地相互敬酒，一再地相互干杯。我醉酒饱德，兴会淋漓，醉眼蒙眬中，却蓦见我面前的名签上被错写了一个字，将“鹃”作“娟”；料不到皤然一老，今晚上竟变做了婵娟，少不得要“翠袖殷勤捧玉钟”了。于是我伸手举起杯来，向主人们敬了酒，就忍着笑在那名签的背面写下了28字：

琼筵开处欢情畅，一样团圆在异乡。
六十七年如梦过，那知今夕变红妆。

合席传观之下，都禁不住笑了起来。

酒阑席散，还有晚会助兴，有的去舞厅参加交谊舞，有的去看电影《孙悟空三打白骨精》。我于30年前，每逢岁时令节，虽曾逢场作戏跳过舞，现在却已成了不舞之鹤；心想还是去看看银幕上的孙悟空，消此良夜吧。谁知突然之间，却跑来了一位女同志，说是要拜师傅有所请教。我不知就里，正要动问，她却接下去说，刚才在花市上买了一个满天星盆景，大家听说出了代价25元，都吐一吐舌头；她不服气，因此要我去品评一下，究竟值不值？以后如何整姿，如何培养，更要多多请教。这位女同志是谁？原来是舞蹈专家戴爱莲同志。我义不容辞，合该效劳，就在口头上订下了师徒合同，把孙悟空撇下，去看满天星了。这满天星不是别的，在我们苏州叫作“六月雪”。每年夏秋二季开小白花，有单瓣、重瓣之别；又好在叶小而密，四时不凋。我打量这一株共有两干，高的一干粗如拇指，低的一干从根上抽出，像一个小指头，估上去已有二十多岁年纪，正是年少有为的时期。何况模样儿还不差，尽可加以改造；这代价也不算贵。当下略略说了说培养的方法，立即动手给它打扮起来。那只紫砂盆似乎深了一些，先就用小刀子铲去一层泥，把扭在一起的两个粗根给分了开来，随后又挖呀挖的从泥里挖出了另外两个根，使其轩豁呈露。接着再把上面几个枝条扎了一扎，分出高低疏密，这么一来就好看多了。我那高徒和几位旁观的同志都给我捧场，老是赞不绝口。我一时高兴，忙去捡了一块从海南岛带回来的白石，放在那小干的一旁，以作点缀，更觉相得益彰，分外可观；于是大功告成，兴辞而出。不料大除夕身在他乡，我这盆景迷仍有盆景儿玩，倒也是大有兴味大可纪念的一件事。

春节的早上，先就遇见了巴金同志，彼此照例贺过了年。却见他的夫人像依人小鸟似的凑着他窃窃私语，似是为我而发。我心中一慌，忙问怎的，巴金同志就笑吟吟地提起了那首“哪知今夕变红妆”的诗；原来昨晚上偶开玩笑，已被传开去了。只恨我这68岁的老头儿不能摇身一变，真的变做了红粉佳人，供大家作为欢度春节的笑料啊！

吃过了年糕、元宵和麻团，我就高高兴兴地和我们号称“八仙集团”的7位“仙侣”同往从化。一到宾馆，先就在碧绿澄清的温泉小浴池中下水一浴，洗尽了身上积垢，熙熙然如登春台。于是我们就在这山明水秀的人间仙境里共度春节。我的“仙侣”中有一位魏如同志特地做了一首诗，叫作《元日试笔》：

朝来花市满羊城，除夕先回大地春。
今日南人齐北向，欢呼主席祝长生。

我是无数南人中的一人，当然也要引领北向，一声声欢呼起来。

选自《拈花集》，上海文化出版社，1983年版

花街十里一城春

秦牧

“童话中所描绘的，穿着银光闪闪的锦裳，振动着金色的翅膀，一路撒着花瓣而来的春姑娘，踏着南海波涛，登上了中国大陆的名城广州。”

作者介绍

秦牧（1919—1992），原名林觉夫，广东澄海人。少年时代侨居海外，1932年回国求学，1938年起从事抗日救国活动。1949年后曾任《羊城晚报》副总编辑、中国作协广东分会副主席、《作品》副主编。著有散文集《潮汐与船》《花城》《长街灯语》《艺海拾贝》，以及中、长篇小说《黄金海岸》《愤怒的海》等。

银夜花街十里长，满城男女鬓衣香。

人潮灯下浑如醉，争看春秾初上妆！

上面这首小诗，描绘的是广州春节前夜花市的热闹景象。它是我二十年前写的。那时候自己正当盛年，逛花市时有一种“青春作赋”的感情，仿佛心灵被一根羽毛撩拨着，十分舒畅；又好像喝了一杯香甜的醇酒，感到微醺，因而也就断续写了几篇关于广州花市的抒情小品。但是，从那以后，我已经有十多二十年不写这样的文章了。粉碎“四人帮”后，已有百多年历史的广州迎春花市，又从零落销歇中复苏过来，而且像海水有小潮、大潮似的，在迎接建国三十周年的今年，它涌起了特大高潮，市里各区都设立了中心花市，许许多多公园也都设立了迎春花会。如果把这些香气缭绕的花街连接起来，“十里花街”，真是如实的写照。数日之间，不但吸引了广州的百万居民，还引来了国内许多远道的旅人和香港的三十万游客。几家电影制片厂的摄影师们也纷纷争着到处拍摄镜头。看着这番景象，我不禁又想执笔再描写一下广州所特有的这番情景了。

广州，地处承受“阳光之吻”的亚热带，北回归线就在它城北不远的地方穿过。太阳的直射线，一年四季，不断在南回归线和北回归线之间移动。立春的时候，阳光从南回归线北移，广州很快就感受到春天的热力了。可是说，童话中所描绘的，穿着银光闪闪的锦裳，振动着金色的翅膀，一路撒着花瓣而来的春姑娘，踏着南海波涛，登上了中国大陆的名城广州。从南到北，一直走到北方的黑龙江，差不多用了五个月时间。春姑娘走路的速度不能算很快，每天约莫走七十里。然而在她轻盈步履走过，袍袖拂到，目光注及的地方，冬眠的动物睁开眼睛了，叶芽舒展了，花蕾结了起来和慢慢绽开了。实际上，春姑娘在春节之前就已经踏上南国的土地，农历十二月间，你在广州到处都可以看到她的踪迹。广州一些街道两旁开蝶形花的紫荆树，早在迎春花市举行之前，就已经缀着累千累万蝴蝶般的鲜花，很使人想起云南省的“蝶泉”。还有一种叫作“爆竹花”的藤蔓植物，种于地面，攀缘上升到屋顶或者花棚之上，然后又从上面悬挂而下，它那一串串密集的黄花苞，开的热烈极了，像一串串正在燃烧的爆竹。南国的人们每逢看到市内和郊区紫荆树、爆竹花开花，正像听到春天的使者奔跑报讯一样，知道春天来了，花市快要举行了。今年，紫荆树和爆竹花，都开得多么灿烂呵！

在广州经常可以见到热带、亚热带的植物，它们表现了异常顽强的生命力。榕树的气根伸到泥土里，就可以长成新的树干，以至于一株榕树可以辗转繁衍，形成一个小小的树林。栀子树的树头，把它掘了回来，养在清水盆里，就可以长出片片绿叶，这就是鲁迅也称道过的盆栽“水横枝”。种类繁多、五光十色，有“沙漠美人”之称的肉质植物，在广州可以长得十分之好，能够开出各种奇形怪状的瑰丽鲜花，甚至在冬天也没有例外。还有许多国外的嘉树名花不断被引种进来，品种相当纷繁。有一种香馥得令人陶醉的花，名字叫作“含笑”，是从新加坡引种进来的。另有一种娇妍艳丽超过了它的花，样子很像马蹄莲，叫作“唇苞花”，是从斯里兰卡引进来的。还有的人家，客厅里放着一碗清水，里面放着一小段枯木似的东西，它居然能够抽芽发叶，原来那叫“巴西铁树”，是从美洲引进来的。这种树，把它像手臂似的树干，锯成几寸一段，样子就像段段枯木一般，只要有适当的气温，一浸到清水里它就抽芽发叶了，一栽到泥土里它又变成一株新的树木了。由于这座花城具有这样的气候条件，交通便利，归侨众多，既可以从国内各地，又可以从世界各地引进许多名花异卉，它出现了一批批花农花匠、园艺巧手、盆栽名家、花卉画师，就是自然不过的事情了。在具有这一切条件的广州，形成了春节前夜几乎倾城的人都到花市去看花买花的诗情画意的风俗，既是一种顺理成章的事态，也是种群众愿望的升华和结晶。国内外有各种各样的节日，有些节日，是纪念国家的独立、民族的翻身，纪念抗暴，缅怀先烈的。国内有些节日，是要赏月、划船、登山、看灯的，国外有些节日，是要泼水笑闹、围观美人、骑马比赛、化装作乐的，五花八门，形形色色，拨开宗教迷信和民族传说的薄雾轻纱，它们都多少寓有好整以暇、舒展筋骨的意味。节日也是各式各样生活情趣的喷发口。面对这林林总总的节日，南国花城里的人们很早就说："不够！应该还有这么一个节日，设法使各种鲜花集中开放，列置长街，大家都来赏花买花，热闹一场！"迎春花市，就体现了这种心理而逐渐形成。这不仅在中国，就是在世界上，也是别开生面，堪称放一异彩的了。

花市，今年照例设立在一条条大街上，这些地方临时搭起了花架，那模样儿很有点像马戏的看台，一级一级，置满了盆栽和花束。更有一些摊档，是专门贩卖桃花、梅花、吊钟的，看那些摊位，又像是一个小小的树林。今年花街的花果树木特别多，因为市郊的花农加意栽培，花果都比去年增产啦。广州近郊有一个鹤洞公社，是著名的"花乡"，全公社种花两千多亩，种柑橘二十多万盆，还养出金鱼、热带鱼一百多万尾，这都比十年动荡前大大增加了。其他好些兼种花卉、景况有所发展的公社，也大抵如此。这样，今年鲜花盆果的供应量，就远远超过去年，形成花市新的宏观了。虽说解放后的花市已经打破了旧俗，不再是"一日之市"，而是改成设立几天，但是人潮汹涌仍然是在农历除夕的深夜。这时分，银灯高照，人流滚滚，夹着笑语喧声，涌入花市彩门。这个夜里，平素害怕拥挤的人也不怕拥挤了，往常夜间足不出户的人也来逛花市了。百数十万人，像赶集似的，熙熙攘攘，摩肩接踵，争着赏花买花，也可以说是情趣盎然了。花架之上，神态凛冽的菊花，端庄雅洁的山茶花，艳丽的牡丹，娇俏的石竹，挺拔的剑兰，潇洒的仙客来，“卧丛无力含醉妆”的大丽，“水上轻盈步微月”的水仙，“独先天下之春”的梅花，笑脸迎人般的绯桃，点点繁星般的海棠，色调缤纷的“彩雀”，还有鸡冠、玫瑰、含笑、兰花之类，交相辉映。南方特有的吊钟花，每一个鳞状花苞里能够伸出五六朵以至十几朵铃铛状的花儿，更像是在摇动着它们的小铃铛，喧嚷着“春来啦，春来啦！”人们就在这花街中间赏花买花。买到了的，就把一束束鲜花、一盆盆柑橘举在头上行走，这时候，奔腾不已的人流又逐渐变成一条“鲜花之流”了。

花市徜徉，人们实际上欣赏的不只是花，还有鲜果，这就是金橘、四季橘、朱砂橘、西柠檬、佛手之类，这一类果子是可以吃的；还有不能吃却大可观赏的鲜果，例如像一颗颗大红珠的“吉庆果”和像煞一只只小鹿头部的“乳茄”之类。人们不仅看花看果，也还专门欣赏各种植物的绿叶和树干，这就是兰草、肉质植物和九里香、山茶之类的盆栽。花市，还包含着更广义的“花”，金鱼是“水中之花”，古董是“古代艺术之花”，画师、书法家们即席挥毫的作品是“新的艺术之花”。有了这种多样性，花市的春意就更加热闹了。

花市徜徉，使人不能不惊叹花农、花匠们的巧手绝技，真是“天工人可代，人工天不如”。他们能够把许许多多种属于各个季节的花果，运用控制日照、水分、肥料等等办法，使它们同在一个时间里开花和结果。还能够“缩龙成寸”，在一盆之地，显示出一株株老树的苍劲雄姿。今年的花市上，有一株盆栽的果树，枝头挂着柑、橙、橘、金橘、“玳玳果”等几种水果，命名为“团结果”，这是花木公司的工人特意为今年花市培育出来、意味深长的礼物。和花市互相辉映的，还有许多公园所举办的迎春花会，今年花会的花式品种，也攀登上一个新的高峰。中央公园里的盆栽、越秀公园的花馆和烈士陵园的花廊，都使我想起了苏州的园林。广东人一向把花匠幽默地尊称为“花王”，至今还是沿用着这样的称号。这些“花王”之中，不乏和中国神话传说中的“青帝”可以媲美的人物。他们真正能够击鼓催花，命令大量的鲜花同时绽开。像上面提到的那盆“团结果”，以及前些时菊花展览中出现的、一株开花两三千朵的大立菊，就是他们许多杰作中的一些代表。这些总是蹲在园圃里侍弄花木，衣服上常常沾着泥巴的人物，当你在公园里和他们擦身而过，或者在饭馆里和他们偶然共桌，看到他们从裤袋里掏出一个扁樽来畅饮其二两白酒，悠然自得的时候，有谁能够知道他们身怀这种巧夺天工的绝技呢！他们种菊时为了使菊花繁生，第一年不让它开花，第二年苦心经营之后，才催它着花上千的办法，堪称“厚积薄发”。这种“厚积薄发”，以及刻意剪裁，讲究和谐，打破常规，竞新斗巧那一套，不是也很值得艺术领域的其他人们师法吗！他们当然也是艺术家，不过他们的艺术创造，并非体现于文字、画幅、舞姿、歌喉，而是体现于树木之中罢了。逛逛花市，也是常常可以向双手沾满泥巴的“花王”殿下们，学习到一些美学的。

爱花，体现了人们美好的生活愿望和高尚的审美情趣。特别是劳动人民的爱花赏花，更是无懈可击。劳动人民翻身作主之后，年中有些时候看看花，买买花，是何等健康的风习！但是偏有“独具贼眼”(决不是“独具慧眼”)的“四人帮”之辈，说买花赏花是“小资情调”，逛花市是“四旧”，种一株花就是“一条修根”，在他们横行之际，影响所及，花市曾经被完全禁绝，停办了好些年头。花乡鹤洞公社的花木，曾经被命令纷纷掘掉，种在河涌边的一万株桃花，更是全部砍光。陵园里竟然种上一畦畦番薯，淋上粪水，弄得臭气熏天。右得骨头发黑的人物搞些“左”得离奇古怪的花样，借以装腔作势，掩人耳目，其中因果法则，历历可辨。但是，教训毕竟太惨痛了。在此辈历史小丑随风而逝的时候，花市复苏了，而且更以特大的规模涌现了。今年的广州迎春花市，可以说也负担了政治上报春的使命，宣告人民生活的逐步改善、社会主义经济建设高潮的来临，也透露出艺术上百花齐放的讯息。

在花市里挤呀，挤呀，望着花棚上笑靥迎人的繁花，望着高擎花束行进的喧闹的人流，另一首小诗又冉冉地在我的心头形成了：

香街十里一城春，笑语喧声入彩门。
疑是层峦采蜜使，幻成百万看花人！

选自《花街十里——秦牧散文精选》，海天出版社，2001年版

荔枝湾的夏夜

华嘉

“在平静的溪水上，一艘接着一艘的小游艇，好像长龙一般的拖得很长很长，互相碰撞着，叫唤着，更增加了不少情趣。”

作者介绍

华嘉（1915—1996），广东南海人。曾任广东省文联副主席、广州市文联主席等职务。著有《香港之战》《冬去春来》《满城风雨》《华嘉散文选》《华嘉作品选萃》等。

暮色随着晚风慢慢来了，白天的暑热好像关在屋子里的烟，一时还不能散发出去。这时候，人们经过一天的辛勤工作，吃过了晚饭，很自然地便会想到需要找一个凉快的地方来度过漫漫的夏夜。

西郊，沿着一条古老的街走去，两旁高大的树荫，带来轻微的风意，已经使你有凉快的感觉。当你来到了桥头，眺望那两岸夹着的浅窄溪流，排成行列的小游艇，艇上装饰着美丽的小电灯，艇头站着年轻的水上姑娘，她们清脆地叫唤着“叫艇呀！游河呀！”一种南方的特有的水上城市的情趣，富有吸引力地把你带进一个亚热带的诗的境界。

于是，你按照习惯，和同伴们下到一艘小游艇里去，围着一张小桌子坐下来，或者下象棋，或者打扑克，或者上下古今的谈天说地，或者静静地靠在船板上，开始你的愉快的水上生活。这时候，健美的水上姑娘，在艇头用一支长篙，轻轻地点离了岸，然后，一篙一篙的向西撑去。在平静的溪水上，一艘接着一艘的小游艇，好像长龙一般的拖得很长很长，互相碰撞着，叫唤着，更增加了不少情趣。

穿过一座高高架在河上的木桥，溪流拐了个弯。迎面是残留下来的一个半破何仙姑庙的牌匾。老广州人来到这里，少不得要跟你讲一些美丽的传说，因为这八仙中的唯一的一个女神仙，她原是广东人，为当时的“灾黎”做了不少好事，于是有那么一天，她白日飞升了。这些传说倾吐着古代人民意愿：肯为大家做好事的人，即使死了也还活在人民的心里的。

再穿过一座现代化的火车桥，浅窄的小溪流向宽阔的大河，这时已经来到平静的珠江河面。这时候，出现在你眼前的是一座灿烂多彩的水上城市。靠着岸边的是西郊人民游泳场，利用天然的河水围成各级游泳池，灯火辉煌。喜欢游泳的南国儿女，正在那里戏弄着水波，洗去一天的困倦。靠着游泳场的西边，一排大小船只，构成一个热闹的市场。这里有水上菜艇，都是由一些著名的广东菜的厨师主持的，艇上有厨房，也有可以容纳五六桌酒席的座位。这里有专卖小吃的小艇，有些是卖活生生的鲜虾的，有些是卖此间最有名的“艇仔粥”的，有些是卖炒粉炒面的，有些是卖水果汽水的……这些小艇，在这水上市场划来划去，艇上插个色彩鲜明的布帘，随风吹来一阵扑鼻的引起食欲的香味，吸引了不少的小游艇在这附近寄泊，于是，很自然地便形成一个热闹的水上区域。

河对岸又是另一个海市。光辉灿烂的五彩灯光，远看好像是一座巍峨的大建筑物。这就是有名的“海角红楼”。几年来不断的整理扩建，这里现在已经成为比较完备的水上文化宫。当你乘着小游艇，轻轻地摇着桨，渡过平静的宽阔的珠江，靠岸上去的时候，你才发现这雄伟的建筑物原来只不过是用竹子和木板在水面上搭起来的。这种竹棚式的建筑是此间劳动人民的伟大创造。他们完全是用智慧的手，把一根竹子接着一根竹子这样盖搭起来的。把这样美丽的建筑物命名为这样美丽的名字：海角红楼，实在是很合适的，可惜有些不喜欢诗的干部，今年却把这样好的名字改掉了，现在叫作什么“荔湾人民游泳场”，实在扫兴得很。不过，水上的艇家们可还是照老名字叫的，因为他们毕竟喜欢那样的好名字。

这里不仅仅是一个游泳场，还有溜冰场、游乐场、舞厅、饭馆。每个星期日，不少人拖男带女的来这里休息。因此，这是一个很好的水上文化休息公园。

广州的夏季很长，也很热。生活在广州的人们，十分需要一个这样的可供消暑的地方。这就是有着悠久历史也植根在人民心上的——荔枝湾。这是个吸引人的可爱的名字，这是个使人流连忘返的地方。有人说，谁要是在夏天没有到过荔枝湾，谁就等于没有到过广州，这话不是完全没有道理的。

荔枝湾的使人流连是和水上的艇家们的劳动分不开的。使荔枝湾美丽起来的，不是荔枝，而是我们的水上人民。这里大概有百多号游艇，还有不少那种更小的舢板。这种游艇叫作“四柱大厅”，那是很讲究的美丽小游艇，又轻快，又舒服。过去还有一些大游艇叫“紫洞艇”，近年来很少见了。要是没有这些美丽的游艇，没有这些美丽的水上人民，荔枝湾不过是条浅窄的溪流罢了。广州有好几万这样的水上人民，他们在旧社会是过着受歧视、受迫害的生活的。以前他们不大敢走到陆上来，即使偶有个把女人嫁给陆上人，也常常发生悲剧的。封建把头们卡着他们的喉咙，把他们辛勤得来的收入拿到自己的腰包来。现在，情况当然两样了。他们自己组织起来，按着次序开艇，租艇费用也由他们自己订定了，因此他们的生活有了保障。现在，他们会满脸笑容，滔滔不绝的给你介绍荔枝湾风光。

当你在游艇上，和他们谈起家常来，是十分愉快的。肥肥胖胖的水上孩子，黑圆的眼珠十分精灵，身上挂着一个浮水的木葫芦，在艇上走来走去，逗人喜爱。有时，在夜静的河上，远处飘来水上人家的青年男女唱的动人的“咸水歌”，那清脆的声音、柔和的调子，一唱一和，更增加了不少游兴。

夜深了。轻轻的海风，吹散了白天暑热，也恢复了游人的一天工作的疲劳。这时候，当你游兴阑珊，于是，又从宽阔的珠江，顺着浅窄的溪流，回到荔枝湾桥头，上得岸来，你还免不了回头来多看荔枝湾夜色几眼。荔枝湾夏夜的情趣，留在游人心里的印象，总是愉快的，难忘的。

选自《华嘉作品选萃》，花城出版社，1994 年版

广州人的水之缘

徐南铁

“除了饮茶喝汤，还要在饭后、睡前喝糖水，广州人简直就是水做的，在瘦小的躯体里灌注了与体积极不相称的水量。”

作者介绍

徐南铁(1951—)，祖籍安徽，生于江西。曾任广东省文联副主席、岭南美术出版社社长兼总编辑。

有很多城市别称“水城”。贵州西部有个城市，大名就叫水城，据说雨水特别多。有一年秋末我曾路过住了一晚，是没雨的季节，夜晚在宽阔而冷清的街上走走，倒是拾得一分“夜色凉如水”的感觉。

没有人把广州叫作水城，但在我看来，它确确实实是。不过，在珠江上腾跃的水、在雷阵雨中欢畅的水都算不上精粹，广州的“水”是浸在骨子里的。

只一杯早茶就把广州人泡在水里了。当北方人就着一瓶牛奶或一碗豆浆咽下两个馒头时，广州的早茶已经为几十万甚至几百万把茶壶续了好几遍水。早茶是粤文化的重要表征之一，老人退休了，儿女一句“早茶的钱你不用愁”，就包含了千重的关怀万钧的许诺。能够每日一大早就坐在茶馆里的老人犹如得到了可意的归宿，茶水里漂浮着旧时的记忆，茶壶里装满了晚年的安宁。

广州人还要喝凉茶。街头遍布凉茶铺，大多以老字号自居。大饭店里也常常供应凉茶，甚至免费。记得好些年前街边还有凉茶担子。暑热天气里，医院也会在门口卖自制的金银花茶。如今讲求卫生和方便，难见旧时景观，凉茶也装进了易拉罐。

广州的“艇仔粥”与水情景交融。站在岸边招招手，卖粥的小艇就悠悠地靠了过来——可惜这种20世纪20年代兴起的品位已经式微，如今的“艇仔粥”只作为一种粥品，登陆于酒楼饭肆，早退却了那一段水样的风情。

广州人讲究喝汤，据称有几千种做法。前些年广州出版社出了一本“汤谱”，竟有上下两册，令人叹为观止。我在广州社科院工作的时候，有一个外地调进的研究人员得了直肠癌，单位里的广州人评论说：就因为他平时没有煲汤！

除了饮茶喝汤，还要在饭后、睡前喝糖水，广州人简直就是水做的，在瘦小的躯体里灌注了与体积极不相称的水量。

广州人还重视洗。“洗澡”在广府方言里叫“冲凉”。冲一冲且凉一凉，已经不单单是清洁的意思了。我在赣南农村当知青的时候，发现当地农民不管出工不出工，每天晚上都要坚持洗澡。在天寒地冻的日子里，女人在自己家里洗，男人却在祠堂里用树头烧起一堆火，大家都提着一大桶热水去那里，就着忽明忽暗的火光一边洗浴，一边进行原始形态的社交活动。农民们说，洗澡不只是为了干净，还是为了暖和。但是他们却没有像广东人叫“冲凉”一样，创造出一个“洗暖”什么的来。

广州人听到北方广大地区种种缺水的故事，听到一辈子只能洗两次澡的奇闻，对北方产生了一种类似恐惧的感觉。历史上粤人的迁徙主流都是指向南方或东方，有人下南洋，有人远赴大洋彼岸，都是在水一方。今天的广州人也不愿意西行北上，当然有许多社会的原因，却也因为饮食的差异，因为担心用水的奢侈受到抑制。家乡的水像纽带拴住了他们的心，消减了不少人的闯荡雄心。

大肆地喝与大肆地洗，把广州的人均用水量推到了全国各大城市的首位。惬意的几近挥霍的用水方式来自珠江的恩赐。珠江是当今中国水量最为丰沛的河，具有长江黄河所没有的沉静和厚实。

广州雨量丰富，年平均降水量1800多毫米。人们都说江南雨多，但江南的雨缠缠绵绵、欲雨还休，苏东坡的“春雨如暗尘”刻画的就是江南那种琐琐屑屑的雨、黏糊不断的雨。广州的雨轰轰烈烈，豪气十足，先布起云阵刹那间将天和地都刷上一层墨，接着开始雨的疯狂点击，广州坚挺的暑热就在雨的蜂拥推搡下变松变软。排水系统差些的地段，会因一阵大雨而出现广州人叫“水浸街”的场面。沿江的路要是漫上来江水，居然会有急得乱蹿的鱼。不过这些水都是来去匆匆的过客，从不久待。广州也有优柔寡断的潮湿天气，但它的潮湿心情也是有形的，物化了的，是直观而公然写在脸上的。在我们十几楼的办公室里，潮气进来，文件柜就大肆张扬地挂满“泪珠”。

广州的骑楼风景是为了遮阳更是为了挡雨而生。广州人似乎怕雨，不大的一点雨，在我看来正好濡湿一下枯燥的情感，一条窄窄的天桥下却挤满了躲雨的广州人，其中有不少七尺男儿。这或许是广州人小心处世、善于保全自己的法则体现。

水任器而方圆。广州人的性格属于水，随物赋形，能够适应特定的历史空间，而且渗透每一寸空间，即所谓“把政策用足”。龙舟是广州人这种性格的最好诠释：在壮阔的江面上齐心协力贾勇而上；换到狭窄曲折的河汊里，也要扬起旗敲起鼓，一展雄心。

广州人的龙舟不计水的深浅。只要有一支桨，我就要划向前去——是广州人的生存内涵，是一支飘荡在水上的歌。

选自《三十不惑，四十而立》，花城出版社，2012 年版

素馨花笺

王美怡

“素馨花开放的时候，正逢南方的雨季，细小如珠的花骨朵被雨水浸润着，花心里满含暗香。”

作者介绍

王美怡（1969— ），现任广州市社会科学院历史研究所所长。主要从事广州城市史研究、岭南文化研究，兼及历史文化散文写作。著有《广州沉香笔记》，主编《近代广州研究》《西方文献中的近代广州》等丛书。

对于这座城市的追忆，最初是从一朵花开始的。

这是一朵素馨花，浮在泛黄的书页之上，像一颗记事珠。

讲故事的人是屈大均。他把这座城市里曾经发生的那场永不回来的花事写在了《广东新语》里。

有时候想，屈先生在写下这些故事的时候，他的书案上是不是正摆着一碟暗香频送的素馨花呢？似乎这些文字，都成了一朵朵细小如珠的素馨花，字里行间的清香，多少年过去都经久不散。

关于这座城市的记忆，因为时光的流逝，常常是模糊的，甚至是冰冷而生硬的。这些浮在书页上的素馨花，让这座城市开始弥漫某种遥远的幽香，渐渐地变得温润而有情味。

素馨花其实就是一些记忆的落花。

• 花笺之一

这故事是从一片花田开始的。

在珠江南岸那个叫庄头的村子里，方圆数里的田间都种满了素馨花。素馨花开放的时候，正逢南方的雨季，细小如珠的花骨朵被雨水浸润着，花心里满含暗香。每天早晨，它们都在黎明的幽暗中小心地静默着，等待木屐声由远及近地到来。

采花女们总是在天未亮的时候就到花田里来了。借着熹微的晨光，她们看见一大片一大片饱蕴雨水的花骨朵，像一团团模糊的白色的影子，在黎明的雨雾中清香四溢。这些等待开放的花朵，让这个早上的空气变得那么柔和，那么让人留恋。

素面朝天的采花女们手脚麻利地摘下这些雪白的花骨朵装进竹篮，再在竹篮上盖上湿布。在送进城里之前，这些花骨朵是不能晒太阳的，因为它们一见阳光，就会迫不及待地开放。

她们得赶紧把这些花儿送到花渡头去。

· 花笺之二

花渡头是五羊门南岸的一个码头。每天早上，这里站满了从各处赶来的花贩。

花渡头，多好听的名字。可是，我们今天已经找不到它了。很久以前的那些早晨，码头的青石板路上总是散落着星星点点的白色小花，在人潮散尽之后，它们很快也就被流水冲走了。

花渡头也被时光的流水冲走了。

遥想当年，码头上堆满一箧箧白色的素馨花，花香夹着雨气，在清晨的空气里一点点地渗透开来。穿木屐的采花女帮着花贩把刚采下的花儿装上小舟，然后，她们就站在码头上，看着这些被雪白的小花簇拥着的小舟慢慢地驶远了。

每天早晨，码头上都有数千筐素馨花被装上小舟运进城里。那样的时刻，珠江水都是透着清香的。

如果花渡头还在的话，我真想在某个雨后的早晨去那里走一走。也许，素馨花的余香会从时光的深处，一点点地飘过来的。

• 花笺之三

花城里的这场素馨花事，其实在这个早上才刚刚拉开序幕。

屈大均这样描述："花市，在广州七门，所卖止素馨，无别花，亦犹洛阳但称牡丹曰'花'也。"

这正是"满城如雪"的好时光。

"吱呀"一声，所有的城门都在同一时刻打开了。最先涌进城门的就是素馨花香。城门口挤满了前来采买素馨花的市民。富家仆人，贫家少妇，酒家伙计，卖花小贩，各路人马，在遍地如珠的花堆里穿梭着。据说这个早上，"城内外买者万家，富者以斗斛，贫者以升，其量花若量珠然”。

这些买回去的素馨花，有的是拿来装花碟摆在案头的，有的是准备制作素馨灯的，有的是打算用素馨花来串成花环颈饰的，还有的就是让卖花女走街串巷叫卖的。

这些细小如珠的素馨花从这个早上开始，就要像香珠一样洒遍全城了。

在西关的豪门大户里，每天早上，与富家相熟的花贩总会准时上门，送来一筐筐的素馨花，装点这曲径通幽的深宅大院。千筐带露入豪家，是这场花事每天准时上演的剧目。

小城一夜听春雨，深巷明朝卖素馨。一夜的春雨刚歇下来，从窗子里望出去，天色微明，就听见骑楼下卖花女清甜的叫卖声：“卖花——素馨花——”你探头出去，看见骑楼下，女仆阿银正从卖花女手上接过一大簇素馨花。不一会儿，伴着楼梯响和若隐若无的花香，阿银托着花碟上楼来了。她把花碟放在了你的书桌上。那花碟里，盛着浅浅的清水，雪白的素馨花瓣上也沾着水珠。这记忆中的早晨总是飘着素馨花的清香的。

早上从西关的深巷里走过，你总是会在地上看见遗落的一两朵素馨花。它们静静地倚在石板路上，让你的心在一瞬间安静下来，也有点惆怅。

• 花笺之四

素馨花其实是属于夜晚的。

据屈大均说："花宜夜，乘夜乃开，上人头髻乃开，见月而益光艳，得人气而益馥，竟夕氤氲，至晓萎，犹有余味，怀之辟暑，吸之清肺气。"这样清雅的花朵，是应该簪在某个少妇的髻上的。这少妇，平和清秀，嫁入贫家，每天操持家务，很是忙碌。只能在夜深时，对镜理一理头发。那一刻，她会看到髻上的那朵素馨花。那是她早上随手簪上的，忙了一天，她差不多把它给忘了。可是，这小小的素馨花，不知在什么时候开了，清香从她的发丝间钻了出来，飘满了小屋子。

素馨花可以用来做素馨灯。把一朵朵雪白的素馨花缀在一盏盏精巧的花灯上，素馨花在灯光的烘照下，变得有点香艳。据说这素馨灯当年是"雕玉镂冰，玲珑四照"的。夜晚从街头走过，有时候会看见冶游者的马车从身边掠过，素馨灯就挂在车头。在朦胧的灯光下，雪白的素馨花看起来冷艳迷人。

旧时广州的秋冬季节有一种祭祀活动，称"火清醮"。夜晚的时候，千家万户都挂上素馨灯，素馨灯上描龙画凤，宝带葳蕤，满城一片锦绣，亦是处处流香。

旧时广州最热闹的夜晚是在七夕之夜。那一夜，满城人潮涌动。海珠、西濠、香浦一带的河涌里，挤满了素馨花艇。达官显贵、富商巨贾皆泛舟水上，赏月色，啜河虾。素馨花浮在一片水色灯光之上，像珠玉般闪亮，借着夜风送来阵阵暗香。艇上的侍从有时候会给客人送上一朵朵素馨球，据说是可驱汗避暑的。

• 花笺之五

说到底，素馨花还是一种女儿花。

对于花城的女子来说，素馨花是有好多种用途的。

有时候，她们用素馨花和油，制成发油或面脂，据说能长发润肌；有时候，她们把花骨朵混在好茶叶中，用来冲茶喝；或者在离酒一指许的酒瓮内悬木格，在上面铺满素馨花，然后用纸封口，隔些日子揭开，酒香清冽醉人。这酒，也许就叫“素馨酒”，是能与“女儿红”媲美的佳酿。

据屈大均载：“南人喜以花为饰，无分男女，有云髻之美者，必有素馨之围，在汉时已有此俗，故陆贾有‘彩缕穿花’之语。” 好多年前，王士禄漫游广州，见满城女子发髻上都簪着雪白的素馨花，忍不住留下“花向美人头上开”的句子。

以素馨花做头饰，这让人怀想的旧俗为什么就没有保留下来呢？这满城的素馨花，是从什么时候开始消尽了芬芳，散尽了踪影的？这一切已经无从知晓。只知道当年的花城女子，都喜欢用素馨和茉莉相间点缀黑发。这是她们自制的“花梳”。这“花梳”点缀了她们的花样年华，隔了好多年后回想起来，似乎还能闻到自己发际缭绕的幽香。

花事已随尘世改。在刚刚下过雨的早上，当你再次从深巷里走过的时候，你是不会碰到一个簪素馨花的女子的。那种迷人的幽香，只属于记忆和传说。

选自《广州沉香笔记》，广东人民出版社，2010 年版

广州飞雪

陈典松

"清代屈大均也写过：'能将北雪为南雪，为有苍苍自洛来。'这说明广州飞雪并不是子虚乌有的事。其实这与广州古代一位著名的博学的清官的名字有关联，那就是历代广州人引为自豪的汉代大学者杨孚。"

作者介绍

陈典松（1967— ），江西都昌人。中国作协会员，广东文学院签约作家，中国传记文学学会会员，中国科普作家协会会员。著有《詹天佑》《孙中山》等传记文学作品。

广州地处北回归线以南，四季不见冰雪，这是众所周知的，可是历史上却有关于广州河南飞雪的记载，如唐代诗人许浑在写广州的诗中写道："河畔飞雪杨子宅，海边花发越王台。"清代屈大均也写过："能将北雪为南雪，为有苍苍自洛来。"这说明广州飞雪并不是子虚乌有的事。其实这与广州古代一位著名的博学的清官的名字有关联，那就是历代广州人引为自豪的汉代大学者杨孚。

这杨孚可不是一个简单的人，他的家乡是南海郡番禺县下渡村（今广州市海珠区），汉章帝建初年间，杨孚因举贤良对策，被拜为议郎之职，职掌皇帝的顾问应对，参与朝政。汉和帝时，杨孚上书奖励有孝行的臣民，提倡救济孤老，并要求子女为去世的父母仿照古人服丧三年，这些意见被和帝采纳，后来成为影响中国千余年的固定礼制。

一次，汉和帝把杨孚召入后宫，邀他一起游玩，杨孚非常紧张。作为人臣，他深知伴君如伴虎的道理。一方面，做臣子的都希望得到皇帝的赏识，这样升官和表现的机会就多一些；另一方面，又怕与皇帝走得太近，有朝一日，一不小心说错了话，得罪皇帝事小，说不定会被杀头的。

和帝看到杨孚紧张的表情，和善地说："杨爱卿，听说岭南是个没有开化的地方，没有道德、没有法律、没有文化，可为什么出了你这样一个文才大略的才子？"

杨孚非常小心地应对：“皇上所言极是，虽说为臣的家乡地处偏远，自古为没有开化之地，但任嚣和赵佗诸人都是从中原来到南方的，他们在建立南越国的过程中，把中原礼制带到岭南，为臣虽生长于番禺，但从小所受教育却是中原文化的精华。”

和帝说：“难怪你那本关于在全国推行孝道的奏章写得那么深切得理，很不错。”

杨孚说：“陛下过奖了，俗话说，万恶淫为首，百行孝为先。中华文化最讲推己及人，所谓修身齐家治国平天下，孝道是修身齐家最基本的道德要求。一个人连自己的父母尊长都不会尊重，很难想象他对别人还能有什么尊重。任何人都要有所敬畏，一个人真到了天不怕地不怕的境地，那是什么事都可做得出来。这就会形成极端自私的品德，整个社会，人人自私，不讲公德，这与禽兽又有什么区别呢？”

和帝连连点头说：“杨爱卿的分析真是鞭辟入里，朕深感赞同。只是你刚才讲到人人都要有所敬畏，朕想问你，以朕贵为天子之身，黎民百姓生杀大权集于一身，难道也要有所敬畏吗？”

杨孚一听，心里确实有些紧张，立即跪在地上说：“不敢，臣不敢妄言圣上之事。”

和帝说：“今日咱们君臣是私下会面，你不必担心，有什么就放心说吧。我长期在宫里，每次一上朝，大臣们山呼万岁之后，我听到的都是‘皇上圣明’之类吹捧之词，很难听到大家的真心话，别以为我享尽了当天子的至尊之荣，其实我是多么想与大家推心置腹地交心啊。杨爱卿，今天只有你我君臣二人在此，你就放心直言吧。”

杨孚再一次看着和帝的眼神，感到和帝的真诚和期待，说道：“陛下既然如此相信为臣，那我就斗胆直言啦。陛下，正如您刚才所说，身为天子，生杀予夺之大权集于一身，谁敢说您会有什么敬畏之事。其实圣上虽贵为天子，但出生时也毕竟是凡身肉胎，父精母血，敬畏父母，天经地义。”

和帝拉着杨孚的双手说：“杨爱卿所言极是，以孝治天下确实应成为我大汉朝廷的立命根基。”

此次后宫召见使和帝更加了解了杨孚的才识，所以，此后大凡杨孚的建言，和帝都能采纳。

当时中原人对岭南情况知道得并不多，为了让人们真正了解岭南的风物人情，杨孚写了一本《南裔异物志》，这部书成为我国第一部有关地方性的物产专著。杨孚是一位学行很高的学问家，其道德文章广泛流传于世，其晚年隐居故乡。在他的家乡广州河南下渡头村东约的一条巷内，现在还保留着一口井，相传是杨孚后花园中的一口水井，村人称之为杨孚井。

关于杨孚与广州飞雪的故事是这样的，相传杨孚在京城洛阳为官多年，给皇帝上了很多有益的奏章，很有政绩，深受皇帝和朝中百官好评。随着年龄的增长，他深知官场风险太多，不是久留之地，自己一世清明，一定要安全着陆，做到善始善终，全身而退，年轻时因文才而到朝中任官，年老了一定要清白退场。在官场上的经历使他明白，一个人要积极进取不难，只要用心去做，只要有毅力，总是可以达到目的的，善始者多，善终者寡，他开始考虑辞官回归故里养老的问题。他认为自己以清白之身出场，也一定要以清白之身离场，这才对得起当初推举自己的乡贤（汉朝时没有科举考试，多由地方绅士向朝中举荐有文才和有孝道的人做官，为的是给百姓树立榜样）。杨孚经深思熟虑之后，向皇帝上了一道奏章，情真意切，皇帝深受感动，本想挽留，但看到杨孚写的句句是大实话，因而准奏。

告别时皇帝问他："杨爱卿，在朝为官多年，一身正气，一身清白，朕与朝中大臣都很清楚，这一去将回到远隔千山万水的岭南家乡，你难道不想带点东西回去做个纪念吗？"

杨孚此时真是百感交集，毕竟在朝中服务多年，今天要与这么多熟悉的面孔告别，多少都还是有些伤感，他强抑制住内心的情感说："陛下，为臣告别官场能听到您这一番送别的话，这就是最好的纪念啦。"刚说完，泪水忍不住就流了出来，朝中百官也都流出了感动的泪水。

皇帝说："既然这样，我就赠你一样东西。"

杨孚当即愕然，他还没有反应过来，便见两个宫人抬来一棵青松。

皇帝说："我知道，以你的品性，我就是奖你无数珍宝你也不会要。我把这棵青松送给你，请你把它带到岭南，种到你的庭院里。这棵青松就像你的人品一样，它是一棵常青树，它的高洁永远被人称道。同时，看到这棵从都城来的青松，希望你还能想着远方的朕和朝臣们，想到自己回到家乡还应继续为国家服务的责任。"

杨孚当即跪在地上说："知臣者，莫若君，臣一定把这棵青松带到自己的家乡，加倍呵护，不负陛下一片心意。"接着杨孚起身，向在场百官告别。

杨孚从洛阳出发时，同僚们见皇帝送他一棵松树，有不少人也送来一些小松树苗，并告诉杨孚说："独木难以成林啊，既然皇上送你一棵树苗，那我们也送你一些小树苗吧，要让这些小树苗和皇上的那棵树苗一起成长。"杨孚一一道谢，于是带上家人和仆从赶路。尽管一路上有好多地方官听说杨孚经过，都给予很好的接待，但杨孚都保持低调，能避开的就避开，避不了的就礼节性地往来一下。日行夜宿，经数月之后，终于回到了家乡。他回乡的第一件事，就是将带来的松树苗和家人一起种在房前屋后。树苗种好后，杨孚嘱咐家人要好好养护，有时他还亲自浇灌，加上广州气候湿润，皇帝赐给杨孚的那棵松树和同朝官员送的树苗都成活了，而且长得很青翠。每有朋友来访，或读书的空隙时间，杨孚都会在这些青松边漫步。

广州地处北回归线以南，海洋性气候特征明显，从来气候暖和，很少能见到霜雪景象，可就在杨孚回到家乡的这一年竟然遇上了寒冷天气。一天早上醒来，人们发现杨孚移植的松树上居然有霜雪相附，家人早上看到这种情景，赶来向杨孚报告。杨孚一听，开始不相信，因为他自小在家乡长大，从未见霜雪，只是长大成人后到北方朝中为官才能在每年冬季见到。杨孚走出房子，刚一出门，果然感到有一股寒意袭来，放眼向庭院一看，只见房前屋后的松树上确实结满了白霜。杨孚与别人的感受更是不一样，这使他想起了与皇帝和朝臣们分别时的情景，想起了往年此时自己在洛阳从政的经历，感叹人生的飞逝，名节的珍贵。汉朝时，广州很少有人北上做官，加上杨孚又是朝中重臣，当时的广州人都将其引为自豪。本来大家都对他很向往，他这一引退回广州，遇到第一个寒冷的冬天，他受赐于皇帝的青松和朝臣们赠送的松树苗上结满了白霜，人们觉得这是上苍的感应，一时成为奇观。周围十里八乡的乡民们都纷纷前往观看，因为有些没有出过远门的人根本就没见过雪，所以大家认为杨孚真是神了，人在北方当官，回来后连北方的雪都带来了，这是杨孚德操感召的结果。杨孚是一位学问家，他对乡民们说，其实这是巧合，草木并不通人性。可是不管杨孚怎么解释，在当时那个时代就是没人相信。说也奇怪，从那以后，广州再也没有下过雪，因而人们对杨孚的神化更加神乎其神。

杨孚与河南飞雪的事历来为广州人所乐道。清代有一个叫潘有为的广州学者，他慕名而到广州河南的杨孚祠参拜，当晚借宿神祠旁，只见杨孚须髯飘飘微笑着坐于屋前，手持一卷竹简，门外苍松屹立，白雪满枝。他正要上前与杨孚打招呼，但见杨孚微微颔首。潘有为一觉醒来，发现原是南柯一梦。潘有为寻思良久，深感自己与杨孚有着特殊的缘分，于是在朋友中传开。大家一听，深感好奇，因此也学潘有为到杨孚祠前参拜，并借宿祠旁，有几个人也做了几个类似情景的梦。这一下可不得了，下渡头村一时成为广州人梦雪的圣地，但究竟有多少人真正梦见了雪，不得而知。

清代两广总督阮元也曾到杨孚祠中参拜，借宿祠旁，但并未做梦。一觉醒来，他情不自禁地自我解嘲地笑了起来，颇生无限感慨，深感人世间榜样力量的感召力。他有感于杨孚的道行和历史影响，在杨孚故居旧址再建一祠，这就是现在海珠区位于河南濑珠冈的杨议郎祠。

选自《清风明鉴——广州官场旧事》，广州出版社，2007 年版

烟火日常：文化个性

给广州的朋友

冰心

“从一片辽阔广大的苍黄，忽然看到满眼的青山秀水、绿叶红花，这惊喜是说不尽的。”

作者介绍

冰心（1900—1999），原名谢婉莹，福建长乐人。1921年加入文学研究会。1951年后曾任中国文联副主席、中国作协书记处书记等职。著有《寄小读者》《繁星》《春水》等，有《冰心文集》行世。

广州的朋友总怪我到好几次广州，却没有写过一个字。但是没有写和写不出，完全是两回事，广州这个城市是太丰富多彩，而且发展变化得太快了，当人家心摇目眩，第一个雄伟美丽的镜头，还没有捉住的时候，飞速地又掠过一个更新更美的镜头，叫人如何来得及下笔？

我路过广州，算来已有八九次了，每次都只有一两天的逗留，但我没有放过一寸光阴，总是忙里偷闲，贪婪地吸收领略广州的一切。一个在北方长大的人，特别是在冬末春初，来到了祖国的最南端，从一片辽阔广大的苍黄，忽然看到满眼的青山秀水、绿叶红花，这惊喜是说不尽的，我们匆匆地脱下了厚重的冬衣，迎着吹面不寒的清风，连走路都觉得轻快！

当我执笔之顷，羊城宾馆的巨大玻璃窗前，正向我呈现出一片仿佛是北京暮春的景色：芊芊的青草，郁郁的浓荫，几座宏伟的建筑，掩映于紫花绿树之间。旁边的流花湖，波光淡荡，楼阁桥亭点缀如画，这些在半年前经过广州的我的眼中，又是一幅全新的景物……

再描写下去，就写不胜写了，但是广州有一个地方，却是这一切变化的原动力和发源地，它不但是广州的、也是我们整个国家起了翻天覆地变化的原动力和发源地，那就是广州农民运动讲习所里，我们伟大的领袖毛主席住过的一间小屋。

我参观农民运动讲习所，已是几年前的事了，里面的一切，已经不能一一描绘，但是那间小屋，却永远矗立在我的眼前！就是这间像真理一样朴素的小屋，一个陈旧的竹箱，几张粗糙的家具，相伴着我们宵旰辛勤，以天下为己任的领袖，计划运筹，带动起我们六亿五千万人民，用自己的脑子和双手，开辟出我们周围的美丽雄伟的世界。

明天——1961年的最后一日，我又将横越三千里的云程，飞回我们的首都，我知道在凌空双翼之下的万水千山，也都和美丽雄伟的广州一样，在飞跃地发展变化。我愿和拱卫在那间小屋周围的广州朋友，以及全国人民，在1962年我们祖国的更新更美的图画上，加上自己精心结构的一笔。

选自《冰心全集》，海峡文艺出版社，2012年版

广州二月记（节选）

巴金

"广州是一个阳光常照的温暖的都市，假若我们爱春天爱太阳的话，那么广州还是一个值得我们留恋的地方。"

作者介绍

巴金（1904—2005），原名李尧棠，字芾甘，祖籍浙江嘉兴，生于四川成都。新中国成立后，历任平明出版社总编辑，《文艺月报》《收获》《上海文学》主编，中国作协上海分会主席、名誉主席，上海市文联主席、名誉主席，中国作协主席，中国文联副主席。2003年被国务院授予"人民作家"荣誉称号。著有长篇小说爱情三部曲《雾》《雨》《电》，激流三部曲《家》《春》《秋》，以及小说《寒夜》《憩园》，杂文《随想录》等。

我的憧憬

不记得从什么时候起，我的脑筋里就被印上了“广州”这两个字，我知道在中国的南部有着这么一个城市，那是阳光常照的地方。

有一天我和一个朋友谈起去广州的事情，这朋友就对我倾吐了他对于那地方的憧憬。据说在一次病中发呓语的时候，他曾说过许多赞美广州的话。他说那是一个儿童的乐园。那里是美丽得像童话里的天堂，无数的儿童快活地生活在里面，他们自由地在街中游戏，街中有各种的小贩，卖着各类的东西，让小孩们自由取用。

自然，这朋友还告诉我说这不过是一些呓语，他和我都不会相信。但是我自己对于广州的憧憬却也因此加深了。我常常想，如果能够到广州去，不管住多久，总是一件幸运的事情。

这愿望不久就实现了，似乎来得非常容易。

晚上从香港搭小火轮去广州，第二天大早起船就靠岸了。那一天正是端午节。我本来早已把旧历忘在九霄云外了，然而小火轮一进广州市，我就听见锣鼓的声音，接着两只龙船远远地向着我们这面划过来。无数的手摇着无数的桨，一些人站在船上敲锣、打鼓和欢呼。两只船用最快的速度竞赛着，但是不到一会儿工夫它们就消失在我们的后面了。小火轮缓缓地前进，两岸的街市在我的眼前渐渐地展开来。于是我们就在长堤的码头旁边停泊了。各种吵闹的声音和各样装束的人包围着我。广州的确是一个热闹的地方。

• 四层楼上

我的旅伴是一个广东人，他时常往来广州，对于这都市是十分熟悉的。他不需要挑夫的帮助，一个人提了两只箱子离了船，我跟在他后面。我们的脚坚实地踏在长堤的土地上面了。

两部手车把我们拉到永汉路的一家小商店门前。我以为那朋友会进这商店去。但他却走进了商店旁边的一条窄巷。巷子里很黑暗，直到我走进去，我才知道那是楼梯。楼梯很高，走上去有些儿费力。我们走完一层，看见一个房间，从短门下面露出了一些男人和女人的赤脚。转一个弯，我们又上了更高的一层。大半的路程都是在黑暗里摸索着走了的。到了第四层，我那朋友才走进一个房间去，那是一家广告公司，里面堆满着杂志。朋友宽慰地放下了箱子，这时候我已经是汗珠满额了。

当我在那小商店门口下车的时候，我决不会想到第四层楼上会有这样的地方。后来我才知道这种建筑在广州是很普通的，好些茶室，好些公司，好些人家都在这样建筑的楼上。所以有时候我稍微不小心走过了那登楼的地方，就不知道怎样才能够上得楼去。自然，这样的事也并不常有。

• 长堤

沿着珠江的北岸，躺卧着长堤，这是最热闹的街市，在这街上车辆整日地就没有停止过。

每天晚上，从河南那面看过来，长堤就灿烂地炫耀着一片灯光。我常常站在河南一家建筑的楼上，用望远镜看对岸，那灯烛辉煌的河北夜市和西堤一带的高建筑尽入了我的眼底。

我有时也走过长堤，不过时间总是在夜里，而且我常走的是西堤一带，西堤只是长堤的热闹的一部分，是以永汉路为界的，永汉路以东的街市，那就是属于东堤的范围了。

在西堤一带有着不少大的商店、旅馆、酒楼。演粤剧的海珠戏院在这里，那时候正演着薛觉先和月团圆班的戏，这海珠戏院是个高等的戏院。薛觉先是广东最时髦的伶人，据说有不少的大家小姐和姨太太爱着他。每晚上在海珠戏院的门口用电灯泡扎成了这一夜的戏目，如《梦断秦淮月》《难忍相思泪》《华丽缘》之类，在行人的眼前闪耀着。厅堂门外坐着一排收票的人在那里谈笑，表示着这一场的生意又不错。

离海珠戏院不远是明珠大戏院（在广州影戏院的名称是不同的，有的叫“有声画片院”、有的叫“有声映画院”等等），那是映美国影片的地方，有不少的高等华人走进那里面去，男男女女，都穿着华丽的衣服，像在参加一幕时装表演。

同时，在靠珠江一边的路上，或者在海珠公园的废墟上，就站着好些中年妇人和青年女郎，她们穿着普通的服装，香云纱的短衫，不擦粉，看见人就做一个媚笑，娇声问：“叫艇吗？”

她们在那些地方常常徘徊到夜深，她们的笑容看得出来是勉强的，她们躲在半黑暗里，就像一些鬼魂。

珠江到夜间就平静了。在深夜，江上只有稀疏的星点似的灯火，许多只篷船都睡在江面上。

我向着东堤那方向走，一会儿就走到了海珠桥下面。桥压在我的头上，许多人就在我头上行走。我于是转了弯，走上石级，到了海珠桥上，长堤就躺在我的脚下了。

我站在桥畔，扶着栏杆回头去望长堤。西堤一带还有许多颗明星在眨眼。东堤一带就变得暗淡起来，只有几辆手车拖着微暗的灯光经过这桥下，往亮的或暗的地方去了。

我再俯下头去看江面。在我的脚下，许多只篷船静静地睡在那里，排列得很整齐，只有几点星子似的灯光点缀了黑暗的江面。

• 海珠桥

我在中国都市里见过的铁桥，这算是最大的一座了。但是桥上只有胡汉民的题字，修桥工人的名字是看不见的。

我住在河南的最大建筑物机器总工会的三楼上。一个小房间做了我的寝室，从整夜开着的窗户里，我看见对岸灯烛辉煌的河北夜市和西堤一带的高建筑物。

机器总工会晚上总是人声嘈杂，因为那里住得有一些失业工人（因工潮而被“开除”的），那里时时有工人开会，而且每隔一夜在下面娱乐场里还要演出机工剧社的粤剧。

夜里我睡得很迟。但是第二天早晨一起床，稍微休息一下，或者读一两小时的书，我就离开寝室到河北去，一直到晚上九十点钟我才回到河南来。我不喜欢搭电船，我不喜欢坐手车，每天我至少走过海珠桥两次。

海珠桥的形状有点像上海的外白渡桥，但是比外白渡桥长，在河北的一端连接着维新路，长堤还横卧在它的下面。桥下有汽车，有行人。我每天走过那一段的时候，就觉得我的脚一步一步地踏在别人的头上。

这桥并不是一个整块，它是一道活动的桥。桥中间有一条长的裂缝，从这里可以看见河水的流动；有时候大船经过，桥就从这里分裂开，成了两段，高高地向天空举起，就像起重机的杠杆一样。

上午我经过海珠桥，那时太阳晒在桥上，行人们挥着汗在那里拥挤地走着。车辆很少，人行道上也挤满了人，有些人在走，有些人倚着栏杆望下面的水。桥下面许多木船很整齐地排列在那里。这些船都是人的家，疍民就生活在船上，而且是靠着船生活的。我走得很快，我没有时间看两旁的景物，太阳太热了！

晚上我从河北回来，有时经过长堤。从那里的石级一步一步地走上桥。我拖着疲倦的身子慢慢地在桥上移动。空气凉爽。到处都是人声，人行道上坐满了工人，有些睡在那里，有些就坐在铁架上面。桥上电灯明亮，海珠桥就像一个会场。夜晚好像是工人的节日。

我也挤进人丛中去。我走到栏杆旁边，我埋头看下面的珠江。夜里的水面是平静的，依旧是那几排木船泊在下面，没有亮光，没有声音，大概人已经睡了。沿着长堤一带也泊了许多只船，那些船都是醒着的，我看见它们在眨眼。船上的姑娘这时候正站在长堤上，娇声软语地呼唤客人。

我回到机器总工会，在三楼走廊上，望远镜拿在手里，我在眺望广州市的夜景。我慢慢地移动脚步，到了走廊的另一端，便看见海珠桥的一段，高耸的灰白色铁架，玩偶一般的往来的行人，在黑暗的背景里分明地显露出来。

我在走廊上立了许久。我不想把眼睛离开铁桥，我的眼睛看得很清楚：那景象是真实的。铁桥真实地摆在那里，我自己也曾在铁桥上面走过。人的力量（劳动者的力量）能够完成一切，我每次想到这个，就被一种创造的喜悦抓住了，这喜悦会渗透我的全身，使我的身子慢慢地颤抖起来。

我爱都市，我爱机器，我爱所谓物质文明。那是动的，热的，迅速的，有力的。我知道都市里包含着种种的罪恶，机器使劳动者受苦，物质文明只供给少数有钱有势的人以高级的享受。然而这应当由我们这个不合理的社会制度负责（所以我们应当把它改造）。

让那些咒骂都市、咒骂机器、咒骂物质文明的人，拿“精神”安慰自己罢！至于我呢，我再说一次：

我爱都市，我爱机器，我爱物质文明。

• 茶馆

在河北茶馆是很多的，大约分三个等级，上等的叫酒楼，中等的叫茶室，下等的就是茶楼。上等的我没有去过，只有茶室和茶楼是我常到的地方。

据说饮茶有早茶、午茶、晚茶之分。广州人每天总有大部分的时间是消磨在茶馆里面的。许多人一天总要进三次茶馆。在习惯上规定的饮茶时间内，每个茶楼里都没有了空座位。每一张座子上都有人在高谈阔论。每隔几分钟伙计就端了一笼点心出来，高叫着走过每张桌子，各人便可以尽量地选取他所爱的点心。但这时间一过，茶馆里又变得像沙漠般的荒凉了。所以茶馆一天就只做几次生意。

茶室的顾客大半是学生和官厅的小职员，他们的学校和官厅就在这些茶室的附近，他们到这里吃一点简便的饭食，有时候也约朋友来闲谈，坐到两三个钟头。

还有一种茶楼雇得有两三个女伶清唱，生意自然不会坏，因为它们有一些捧歌女的顾客。这种又不能列在下等的茶馆里面了。

有一天我和两个朋友进了一个这样的茶楼，有两个女伶在那里唱戏，锣声响得太厉害，快把人的耳朵震聋了，我们没福气享受这种中国的音乐，就匆忙地吃了两盆面出来，付账时却发觉价钱比别家茶楼贵了许多。

• 一个谜

我独自跑到永汉路的一家茶室去。时候是七点钟，那茶室的夜市刚刚开始，我还是第一个客人。

我拣了一张靠窗的桌子坐下，伙计泡了一碗“菊井”来，我问他要了两碟点心。我一边喝茶一边掉头去看窗下街市的景象。

对面街旁有一家饮冰室，门面油漆得鲜明夺目，里面灯烛辉煌，的确是一个热闹的地方。

我望着，我不停地望着那饮冰室。一辆汽车在门口停下来了，一个西装青年带了三个摩登女郎下车来走进了那里面。接着又有一对青年男女进去了。一刻钟以内在那冰店门口顾客的进出就没有停止过，而且没有一个人不是打扮得十分漂亮的。于是我的眼睛疲倦了，我不再往那地方看了。

我也知道在中国没有一个都市不是一个谜。对于年轻的我，尤其是对于一个像我这样的短期的过客，要了解一个都市简直是不可能的事情。我究竟是真正懂得了这个谜，或者是被外表迷了眼睛，连我自己也不能够判断了。但有一点我是可以断言的：广州是一个阳光常照的温暖的都市，假若我们爱春天爱太阳的话，那么广州还是一个值得我们留恋的地方。

同时我引一段赫尔岑的话来做这短文的收场：

> 住惯了北国的人第一次和南方风景接触，便会充满着庄严的快乐。他觉得自己的年纪变轻了。他想唱

歌，他想跳舞，他想哭；一切都是十分光荣，十分明亮，十分快活，十分茂盛……

首次发表于《中学生》1934 年第 43 号，原署名马琴

且饮一碗头啖汤

黄天骥

“老火靓汤，指的是将肉类和各种瓜菜或药材放在一起，经过几个小时的慢火烹熬出的美味汤水。”

作者介绍

黄天骥（1935— ），广东新会人。中山大学中文系教授，国家古籍整理出版规划小组成员。从事中国文学史和戏曲史研究。著有《黄天骥文集》十五卷及《岭南师友》等。

广州人爱喝汤，而且最爱喝“老火靓汤”。

所谓老火靓汤，指的是将肉类和各种瓜菜或药材放在一起，经过几个小时的慢火烹熬出的美味汤水。它品种多样，通常有西洋菜腊鸭肾煲猪骨、霸王花蜜枣煲猪肉、五指毛桃煲猪横脷、木瓜煲鲫鱼、冬菇杞子煲鸡、冬瓜薏米煲老鸭、花生红枣煲牛尾等。五花八门，不一而足。

广州人对喝汤很有讲究。北方的朋友，习惯在饭后喝汤，当看到广州人无论是上馆子还是在家里，喝汤必在饭前，便觉得很奇怪。

其实，老广的安排有其科学依据。广州天气炎热，容易喉干舌燥，饭前先以汤润润喉咙，刺激胃酸，勾起食欲，人们自然胃口大开。而煲什么样的汤，则根据饮者需要和气候变化而定。不同的汤，有不同的功效，有清热的、有清补的、有滋补的、有祛湿的。人们要求它有营养、有药效，不徒取美味而已。

煲汤时，要用密封性良好的瓦煲，以求充分吸收热量。至于以老火烹之，是要让汤中材料的养分、功效得到充分发挥。不过，若加热时间过长，养分反会消失；而且常饮老火靓汤，尿酸又会增高。对此，人们常不注意，甚者明知故犯，这反映了老广们品性也具有保守的一面。

老广重视汤，以至把汤视为营养的代号。若是说“近来汤水少了”，意思是说近来没注意补充营养了；若远行归来，家人多以老火靓汤慰劳；人若患病，家人到医院探望，保温瓶装的就是为病人增添营养的汤水。

更有趣的是，广州人把捷足先登，最先获利，形容为“饮头啖汤”。汤，成为利益的同义词。前几年，有关部门评选“广州十大名片”，让市民投票，老火靓汤竟以高票入选，可见它在广州人心目中的地位。

“三日入厨下，洗手作羹汤。”（唐·王建）从前，妇女主庖厨，煲汤自不可少。在广州，煲老火靓汤，更是家庭妇女必备的手艺。老实说，这手艺未必有什么高明之处，主要靠的是耐心。煲汤要以柴炭文火烹熬，既不能让炉火过旺，也不能让它熄灭。这时候，妇女必须不厌其烦，常要到炉前观察火候，这叫“睇火”。火过旺则釜底抽薪，火过弱则吹火筒、扇葵扇。她们往往一边睇火，一边惦念外出的丈夫儿女。

这份耐心，倾注着亲情，让归来者啜上一口美味的汤，便找到了“家”的感觉。

我上中学时在校寄宿。周末，奶奶总会以生鱼煲西洋菜汤等我。她把生鱼往地上猛然摔昏，刮去它身上的鳞，把它放在铁镬上，煎至微黄，添上水，撒点盐，一经煮沸，汤便呈乳白色。然后把它倒进瓦煲，和西洋菜一起，以老火烹熬。

我回到家里，她便捧出汤来。我一小口一小口地啜饮，偶然抬头，看到她正微笑注视着我，眼角的皱纹分外清晰。我不禁眼眶一热，这碗汤，滋润我的心田，岂止美味而已。

广州人爱家、顾家，老火靓汤，总和家联系在一起。人们在酒楼，也会喝上浓郁的炖汤，但和在家喝碗老火靓汤的感觉，并不一样。家里的老火靓汤所用的材料，未必珍贵，但也鲜美甘香，营养丰富。更重要的，人们能感受到汤中蕴含着浓浓的儿女之情、亲子之爱。

那份真情，是无论在馆子里吃什么鲍参翅肚，都无法代替的。

选自《广州舌华录》，广州出版社，2019 年版

第一次食粥

范若丁

“一个‘食’字，充分表达了广州人在追求日新月异的美食的同时，坚持保有的古风。”

作者介绍

范若丁（1934— ），原名范汉生。原籍河南汝阳，出生于开封。历任花城出版社社长兼总编辑、《花城》杂志主编、《沿海大文化报》常务副社长兼常务副总编辑、广东省出版工作者协会副主席兼秘书长、《读书人报》总编辑。著有小说散文集《并未逝去的岁月》《相思红》《暖雪》《莫斯科郊外》《皂角树》，长篇小说《旧京，旧京》。

厚曰饘，稀曰粥，吃那种稀糊糊的东西，如今的中原人喜用一个“喝”字，叫作“喝稀饭”。广州人则不说“喝稀饭”，而说“食粥”，这就区别出同中原人的不同来。中原人不仅面对稀饭要说喝，面对汤面也说喝，叫作“喝面条儿”。一个“喝”字，生动固然生动，但难免带出一点不雅的馋相。广州人避开这种不雅，虽说他们的祖先也来自中原，而大多数还遭受过充军流徙之苦，但这些“流人”却坚持说古语，一代一代相传，故而至今仍把稀饭叫作粥，把吃叫作食。《礼记·檀弓上》有云：“饘粥之食。”可见这个“粥”字是有不短历史的。至于“食”字则更有来历，《孟子·告子上》的“食色，性也”句，早成经典。一个“食”字，充分表达了广州人在追求日新月异的美食的同时，坚持保有的古风。

我对广州人“食粥”用语的雅而高古，是深为敬佩的。但想当年初来乍到，对“食粥”包含的内容，却惊讶不已。不知是否也是古已有之，广州人的粥，内容十分丰富，与中原人的稀饭，已不可同日而语。

上世纪50年代的惠如楼，是我第一次品尝粥滋味的地方。从北方刚刚到广州，领队老姚带大家到一间门面古色古香的茶楼吃早餐，并特意告诫说，要稀饭的别说什么稀饭，要说粥，以免人家笑我们侉。大家入座，噤声不语，似乎那粥是个非常庄严的东西，怠慢不得。曾经来过一次广州因而自诩为老广州的老姚，一时间似乎也被什么

“星期美点”“鲜明油器”之类北方人不甚了了的物什弄得眼花缭乱，看来看去，硬着头皮给每人点了一碗稀饭、两根油条。当然，他在与服务员交谈时，庄严地把稀饭说成白粥。白粥上来，老姚抖擞精神，指着台面上的一个白色瓷缸连声说：“加糖，加糖。”北方缺糖，大家对糖有一种天生的向往，自然大加其糖，把一碗白粥弄得苦涩难咽，原来白瓷缸里非糖乃盐。我们对稀饭加盐十分不解，几乎认为这是不开化的表现，大加抨击，对粥几有成见，很长一段时间不再问津，直到后来机关旁边开设了一个卖早点的档口，供应猪肠粉和皮蛋瘦肉粥，在同事们的撺掇下，我才初尝粥的滋味。五分钱或一角钱的皮蛋瘦肉粥，引领我逐渐进入广州粥的世界。

广州粥是个大家族，要真正熟识这个花团锦簇的世界，不是一天两天甚至不是一年两年所能做到的。

先说说艇仔粥吧。食艇仔粥最好在艇仔上，那才叫地道。上世纪 50 年代荔枝湾还有一条水道通珠江，湾里有许多带流苏的花艇和扁长的小舟，往珠江海角红楼和西郊游泳场游泳，大都在宝华路尾搭乘这种小艇小舟。这种艇仔不卖粥，卖粥的艇是在珠江缓缓游弋的有点近似鲁迅先生在小说中描写的乌篷船那种。它比湾里的艇仔略大，一般是有一个穿身黑香云纱衣裤，背后拖条发辫的中年妇女站在舟尾划双桨，往往还有一两个腰挂浮木的小孩或一个年轻姑娘在她脚前玩耍或做事。艇上分明是一户水上人家。艇的后半是这家人的居处，锅灶、席被具有，艇的前半供游人客人坐卧，舱面呈古铜色，擦拭得光可鉴人。游泳的人往往在稍歇的时候，把江面上的小艇唤过来，要碗艇仔粥或一碟肠粉充饥，但我第一次吃艇仔粥却是在一个仲秋之夜，与一位同伴叫了只艇仔赏月，不意却让明月抖下来的缕缕清晖，将我们织进了乡愁。舱内没有灯火，浮在江流上的月影，却映得满舱透明，那清幽自不必说了。先是听见断续的桨声，后来连桨声也渐渐远去了，原来艇娘早已停桨，任小艇在月光笼罩的江面上漂游。我倚在舱板上，头伸出舱外，遥望碧空，一直没有找到故乡小院顶上的那几颗星星。江风带来些凉意，我打了个冷战。同伴靠着棚壁静坐，在想自己的心事。云影荡来漾去，艇尾有些模糊，忽然，从那边传出一声问讯：

"吃碗粥吧？"

风箱声。火光。从艇尾飘来一股淡淡的柴烟味。未几，两碗香气逼人的粥由艇尾递了过来。在暗淡的光线里虽看不清碗内的佐料，我却吃出了海蜇、浮皮、花生及碎油条的种种味道，那味道浑然一体，味美无比。仲秋之夜，一碗地道的艇仔粥，像一碗浓浓的醇酒，令我陶醉于融融的月色江色中。

一年后，表姐趁着暑假从北京来探望我，是少年争过梨吃的友伴，说起广州美食，不意她竟提出要吃状元及第粥。

表姐说，大学里同宿舍有一个从志愿军转业下来的广东女孩，特意告诉她广州的状元及第粥和叉烧包最好吃，一定不要错过。我尚未吃过这种名号有点霸气的粥，同表姐一起品尝之后，觉得这种内有肉丸及粉肠的粥品，确实不俗，难怪敢以状元自诩，可见广州粥品也藏龙卧虎啊。

1982 年春，作家杨沫、谌容、张洁、戴厚英、遇罗锦、蒋维嘉、叶蔚林等来到广州，分住在迎宾馆和矿泉客舍。谌容和戴厚英说了几次，要我找一家典型的广州茶楼，大家一起去饮一次早茶。我把地点定在惠如茶楼，约好第二天早晨住在矿泉客舍的先到迎宾馆集中，然后一起步行前往。那天大家兴致很高，连已经七十多岁的杨沫大姐也坚持要去（记不清张洁是否去了）。看到服务员托盘上那些花样繁多的点心，已令这些见多识广的大作家们惊诧不已，当我极力向他们推荐粥品，并以老广州的口吻报出艇仔粥、及第粥、猪肝粥、田鸡粥、皮蛋瘦肉粥、花蚧粥、粉肠粥、鸡粥、鱼片粥、生鱼粥、柴鱼花生粥、菜干粥、猪红粥等等时，他们简直是惊愕了，怎么一个“粥”字会被广州人弄出这么多名堂？为验证我的推介，各人分别要了一碗与别人不同的粥，味道各异，但赞声一致。大家边吃边交流感觉，说得兴奋时，善于说话的戴厚英、谌容和同台（那时可以拼台）的其他茶客热烈地交谈起来。同台有一个香港的消防队队长，听着这几位北方作家对粥的赞美，得意之余，还对我刚才的介绍作了补充：“广州人食粥，食法少说也有几十种吧。且不说肉粥，白粥就有坠火白粥、白果白粥、牛奶白粥等，不要以为牛奶白粥是加牛奶煮成的，不是，那‘牛奶’是从米粒里煲出来的。”作家对粥有了体味，又听了消防队长一席话，不能不频频颔首，对广州美食家们表示无比钦佩。

如今有了以卖粥为旗号的粥城，粥城里到底有多少种粥，除了生滚、坠火、粥煲、粥窝等等之外，还会有多少种吃法，我已不清楚了。

母亲在世时，我回到家乡，母亲还特意用小瓦煲给我煲粥，放进肉片或鱼片，说是做广州粥给我吃。她说如今当地人也喜欢吃这种粥了，当地有广州酒家，当地人学会了这种粥的做法。

这已是几年前的事了。

选自《皂角树》，广东人民出版社，2004 年版

你若爱上，便是家园

蒋述卓

“我就特别喜欢在琶洲桥上欣赏珠江上的日落之景。当那如圆轮般的落日照射在珠江上，珠水泛起层层金色的涟漪，仿佛翻卷着的绸缎，‘小蛮腰’又仿佛羞涩待嫁的女郎披上了金色的婚纱。”

作者介绍

蒋述卓（1955— ），广西灌阳人，文艺理论及文学评论家，学者。暨南大学文学院二级教授，文艺学专业博士生导师。广东省作协主席。曾任暨南大学学报主编、文学院院长、副校长、党委书记。著有《在文化的观照下》《城市的想象与呈现》《诗词小札》《文化诗学：理论与实践》《文化诗学批评论稿》等。《流行文艺与主流价值观关系初议》获中国文联文艺评论奖（论文）特等奖（2014）、《诗词小札》获广东省第八届鲁迅文艺奖。

一

一个人究竟有几个故乡？他究竟要经历人生多少行程才可以找到他心中的家园？这种疑问我在心中问了多年，直至现在。

小时候我待过的故乡当然是故乡，但如今那故乡对我已变得陌生，因为我十七岁离开老家——广西灌阳县黄关镇白沙屯（当时属桂林地区专署管辖），后来就很少在老家待过，只是在清明扫墓时节，会隔三岔五地回去半天。老家的亲戚很少，老家的土话我已很难说得像，老家视我为外乡人，我视老家为父母的魂在地。

十七岁之后我到了著名的山水胜地桂林市，在那里求学工作待到三十岁。这十三年足以让我将桂林市视为又一个故乡。但自从1985年我到上海读博士，1988年又从上海博士毕业分到广州工作，1991年家人也从桂林迁至广州之后，桂林这一故乡也便逐渐变得模糊起来。虽然家里人在一起还说桂林话，但桂林的印象就如阳朔的《印象·刘三姐》一样，只有远景而无特写了。

广州于是便成为我的第二故乡，一个真正的第二故乡了。

· 二

或许，你已注意到，我在说故乡时没有提到我待过三年的上海。的确如此，上海只是我求学的地方，是我匆匆而过的驿站，虽然那里有我亲爱的母校华东师大，有温情脉脉、碧波荡漾的丽娃河，有我对我的导师王元化及师母张可先生的甜蜜回忆，但我仍然是上海的过客。

而广州，则不是。

1988 年我读完博士选择广州而未选择留在上海，自然有多种因素，但现在细细想来，对广州的情愫其实导源于 1983 年的一次广州之行。那时，我们广西师大中文系文艺学专业的四位硕士研究生随导师林焕平先生（广东台山人）到广州开中国文艺理论学会的年会。三月，正是红棉怒放、榕叶新滋的季节。一天晚上，我们跟随导师一起从流花宾馆去小北路社科联的宿舍拜访导师的一位旧友。我们乘公共汽车在小北路站下车，顺着榕树成荫的街道行走。没有雨，却有似有若无的薄雾，空气似乎是甜的，榕树上垂下粗如缆绳式的气根，一切都似乎行走在梦境里。就那一刻，广州的印象定格在我的脑海里。随后的几日，我们结伴去了越秀山、白云山、海珠广场、黄花岗等地逛过，我当时便想，能到这般美丽的城市来过日子，一定是很美好的。

于是，1988 年 7 月博士一毕业，我便义无反顾地来到了我当年想要来的城市。之所以说是“义无反顾”，那是有故事的，因为我的校友——华东师大历史系的一位博士，曾到广州找工作，想进华南师大，下车便被广州火车站的乱象吓怕了，回去逢人便说广州的不宜居住。那时南下广州是需要点勇气的。我至今还记得，当年华东师大南下广州、深圳、海口工作的毕业生还在华东师大中山北路校园内照了一张集体照。尽管大家心里充满着奔赴改革开放最前沿的热情与激情，但内心里对未来都是没有什么谱的。若干年后，也有人离开广州，或出国，或返回他原来的省份。

但我留下来了。一留，则留了快三十年了，而且退休也将在此。这待了快三十年并将继续待下去的地方，远超过我在广西待过的时间，这第二故乡难道还不是我的家园吗？

• 三

十五年前，我的确这样无数次地问过自己：你真的喜欢广州吗？

也是十五年前，我还在报纸上发表过文章，题目叫《广州不能只是物质安顿之所》，文章里含有对广州的批判，但心底里还是希望广州能成为广州人包括我在内的新移民的精神安顿之所，亦即家园所在。那其实是爱之深恨之切的表现而已。但说实在话，那时我对广州还真的是怀有一种居之少味爱之无奈的感觉。

念及广州的好，也就是这近十年来培养起来的感情。因为住久了，对广州产生了依恋；因为住久了，习惯了广州，到了外地就有了参照物，老觉得还是我们广州好，不仅仅是吃得好，还有服务好，一切让你感到舒适、自在。连出差坐飞机也选择坐南方航空的飞机。不为别的，只为它的服务好，让你觉得舒坦。

对老广州，我是没有太多太深印象的，不像地道的广州人，说起老广州来如数家珍，津津乐道。我最多就是走马观花式地逛过西关，看过趟栊门，去过陈家祠、十香园，溜达过上下九的骑楼而已。对广州话，我至今也还是听得七八成，人家说得快了我就只有“蒙查查”了。但这丝毫不影响我在广州的生活，因为现在的广州与三十年前相比，大多数市民都能说一口不够标准的普通话，沟通绝无问题。

而广州的生活却逐渐变成我的生活。

这不是说我已经像一个广州人一样的生活了，而是在外地朋友和外国客人面前，我会努力去像一个广州人一样向他们介绍广州的生活了。渐渐地，我也便习惯于广州的一切，包括日常生活了。

我去日本，那里的日本朋友会带我去吃最出名的怀石料理。而他们来广州，我会带他们去泮溪酒家、南园酒家。有一次，我将我的好友、日本美学学会会长岩城见一先生带到荔湾湖的唐苑酒家吃饭，当他在细雨中看到有服务员戴着斗笠划着小艇给湖里亭子间的包厢送酒菜时，他惊讶得眼都直了。那时，我自然会跟他讲起艇仔粥，讲起粤菜的特点来，那时我就是广州人了。在北京是顺峰酒家的广东菜出名，可是贵得要命，而北京的朋友来广州我却会带他们去天河路的炳胜酒家，看着外面排队等位的人群，品着炳胜店里地道但又不昂贵的粤菜，他们会由衷感叹：还是在广州的粤菜好味！

在广州，吃饭就是吃个新鲜，吃个特色，也图个情调。正如现在走在花城广场地下的花城汇饮食一条街，哪一家店又不在讲特色与情调呢？

记得在广州亚运会之前，广州市曾热烈地讨论过广州精神问题，也就是想给广州一个既理性又感性化的定义以宣传广州。当时就有学者提出可以用“生猛广州”四字来概括。的确，“生猛”不仅代表广州敢干敢闯的特征，又何尝不代表广州的日常生活呢？当时我也曾提出过用这样的短句去概括：“广州——享受生活之都。”自然，民间的提法与官方所想总是有差距的，最后官方端出八个字“千年羊城，南国明珠”，够高大上的，也印在公共汽车上和工地的围墙上了，但却抹去了广州丰富而饱满的色彩，少了许多想象的空间与艺术的张力了。

· 四

说起广州城，有人说广州靠珠江，有水则灵，爱的是广州的水。我却独爱她的桥。

过去的广州，从江之北到江之南要过珠江（广州人讲是“过海”），主要靠水上交通，有小艇，有汽船（后来叫水上巴士，带点洋气），唯一的桥是珠江桥，走车也走人。改革开放以后，呼啦啦一下建起了多座桥，如琶洲桥、华南干线桥、猎德大桥、广州大桥、海印桥等等，桥便成为方便广州市民出行的最爱了。

晨昏时节，广州的桥最妩媚秀气，也最有活力。那时上下班的人与车辆挤满桥面，若碰上好天气，匆促赶路的行人会停下来观看珠江两岸的景色，连开车的人也会摇下车窗利用片刻的拥堵时间来欣赏。我就特别喜欢在琶洲桥上欣赏珠江上的日落之景。当那如圆轮般的落日照射在珠江上，珠水泛起层层金色的涟漪，仿佛翻卷着的绸缎，“小蛮腰”（即广州电视塔“广州塔”）又仿佛羞涩待嫁的女郎披上了金色的婚纱。不远的猎德桥像一弯新月依恋着珠江的颜面不愿升起，再远处的海印桥则似一张金色的竖琴，在为这秀美大江的流淌纵情演奏。这时，珠江两岸的大厦与街道在霞光中也变得闪烁起来，就像那飘浮着的海市蜃楼。如果要再度评羊城新八景的话，“琶洲暮色”大约是可以入围的。

说起广州的桥还得算上市里的高架桥和人行天桥。高架桥最早是用来解决市内交通拥堵的，如人民路高架，因为与市民的住房靠得太近，时常被人诟病。后来又建起了内环路高架，但不管怎样，高架桥的使用对解决交通拥堵是做出过贡献的。大都市尤其是特大型城市还真得依赖高架桥，像日本的东京，中国的上海。在广州，你还不得不佩服那些高架桥的设计者，在高楼林立之间见缝插针，有时桥围着一幢楼房绕上半圈才逶迤而去。作为城市里的驾驶者，我享用了高架桥的便利，车辆稀少时还可以以一种愉悦的心情去欣赏这些弯来绕去的桥的绰约风姿。其实，广州最早的高架桥是架设于珠江白鹅潭畔通向白天鹅宾馆的引桥，如果置身江上或站在江的对岸观看，只见长桥卧波，清晰地勾画出了江岸的景观线，并与沙面古色古香的建筑群融为一体，是很有审美效果的城市景观哩。

如今的高架桥都建有围栏，围栏上的挂槽里春夏种各种太阳花，秋冬种三角梅，花开起来将桥装扮得十分养眼，"花城"之名也便从桥上扮起了。最近市里还提倡住户在阳台或天台养花，想来将来与高架桥之花也能相互衬映。

因为南方雨水多的关系，广州不怎么建地下通道。人行天桥也便成为广州的又一城市景观。初期的人行天桥确有丑陋的一面，光秃秃横空一道，破坏了城市景观。但经过这近二十年的逐步改造与升级，人行天桥则变得既实用又漂亮起来，有的为方便老人与拿行李的，还建起了电梯或电动扶梯。有北方朋友来广州，走过这种天桥之后说这仿佛到了香港，这让我颇感得意。

· 五

判断一个城市是否具有现代感，总是要看它是否有生气与活力的。

置身珠江新城高德置地的春夏秋冬广场之间，看着上下班时川流不息的人群，你会从他们匆忙而急促的脚步中感觉到活力与创造力。到了中午时分，从各大厦写字楼吐出来的青年男女，开始寻找自己中意的美食。在这里，空气里飘散的都是年轻的气息，一切都那么有朝气，正如这里的大厦，一股脑儿地憋着劲往空中飚。只要你打开手机地图在这里一搜索，一连串的大厦名字就跳入你的眼帘——保利威座大厦、星辰大厦、广弘天琪大厦、富力盈信大厦、合景国际金融广场、全球通大厦、广晟国际大厦、越秀金融大厦、广粤天地、广州发展中心大厦，等等，足有几十座之多。抬眼望，俗称的“东塔”与“西塔”，又与“广州塔”遥相凝望，仿佛是壮汉与细妹的歌场相逢。也正是在这块地区，又建起几大公共建筑：广州大剧院、广东博物馆与广州图书馆。入夜之后，灯光一开，广州大剧院如一块绿玉镶嵌在花城广场旁边，倒影入池，摇曳生姿；广州图书馆的白色外墙又如一部百科全书，静穆地等在那里等你去翻阅。这里是广州的 CBD，集中了若干财团与商业实体，也吸引着美国、澳大利亚、比利时等总领事馆的进驻。

正是在这寸土寸金的地方，市政府竟然慷慨地留出了空白，建起了一个占地几百亩的花城广场，乔木、草坪、水池安排妥帖，节假日还有文艺活动在此举行，一年还有一次灯光秀。这使我想起美国芝加哥市中心的千禧公园，那里有能反射人影于球体上的玻璃雕塑，也有不时亮出市民笑脸的喷水墙，那也是当地市民与外地游客最喜欢的活动空间。想想三十多年前，当年的广州市长黎子流只是用“亮化工程”来提升广州，说要把广州建成国际大都市还被人嘲笑是建“国际大排档”，而今的广州真正跻身国际大都市之列了，甚至还被经济界视为国际一线城市了。

广州的国际化与现代化就是靠一步一步走出来、一件一件干出来的。

比如公共汽车的无人售票，就是从广州最早开始的。刚开始人们不适应，觉得观念超前了，但坚持数年之后，它成功了，而且被推广到全国。它不仅培养起了市民守规遵序的文明习惯，也达到了减人增效的经济效果。

又比如垃圾分类，这也是从广州最早开始的。这又是一种观念超前的做法，但广州坚持下来了，效果也逐渐显现。虽然尚未达到令人十分满意的程度，但它的坚持与市民的参与配合，让这个城市树立起了绿色环保的理念，配得上国际都市的名号了。

如今，市内与市郊的各种湿地公园以及湖泊重造（如白云湖）又正在悄然兴起，一座山水城市、海绵城市的构想正在落到实处。诗意栖居，正在广州人的手中从蓝图变为现实。

也正是在这座城市的暮色中，许多人纷纷涌向了星海音乐厅、广州大剧院、流花剧场、黄花岗剧场，分别在那里欣赏歌剧、交响乐、话剧、舞剧或者地方戏。在举办过亚运会开幕式的海心沙，还有《珠江船说》，登上船，你能一边观赏珠江夜景，一边欣赏到演述粤剧人的故事和粤剧。正是在这几年内，我在广州相继看过歌剧《卡门》、舞剧《大河之舞》、林怀民云门舞集表演的《流浪者之歌》、赖声川和孟京辉的话剧，等等。只要你有足够的银子与足够的时间，你尽可以足不出城心满意足地欣赏到国际上著名的表演机构与艺术大师的演艺节目。可惜我不是发烧友，否则也会去办一张会员卡，享受一下优惠。

广州，终于从一个物质之都向精神之都、文化之都转化了！

这让我十五年前的担忧与疑惑逐渐化去。我走入广州的三十年日子，广州也走入了我的生活。

我现在终于会对我外地的朋友和客人真诚地说：我爱

广州！

你若爱上，便是家园。相信与我同样是从外省移入广州的朋友与我有共鸣，那你就点赞吧。

选自《生命是一部书》，花城出版社，2020 年版

喜欢广州的理由

张欣

"可以一年四季穿裙子。"

作者介绍

张欣（1954— ），江苏人，生于北京。现为广州文学艺术创作研究院专业作家。广东省作协副主席，广州市作协名誉主席。著有长篇小说《深喉》《不在梅边在柳边》等。

一、什么点心？

二、有最好吃的鸡，没有之一。

三、某男的宝马车被水淹，拉到修理厂，工人说你车厢里全是积水，里面还有鱼和虾，某男说车不要了，鱼虾我打包拿回家。

四、建方队验核酸或者打疫苗，出场时举着街区的牌子像开运动会那样。

五、有全国和部分世界的餐馆，包括西藏菜和印度菜。

六、有深夜食堂和消夜，24 小时可以找到东西吃。

七、不喜欢大惊小怪。

八、在农贸市场买花跟买菜一样方便便宜。

九、可以一年四季穿裙子。

十、开着奔驰去吃大排档。

十一、平等自在，官民同乐。

十二、生存门槛低，生活水平可高可低可丰可俭。

十三、见队就排，不是做核酸就是买烧腊，不会走空。

十四、见到明星不围观不失礼。

十五、看话剧听交响乐欣赏京剧清唱各有各的观众群。

十六、书店里有各种读书活动稀松平常。

十七、方便到香港购物听演唱会或去澳门玩老虎机。

十八、水果天堂。

十九、穿得太好会被人笑话：“张生在忙什么，拍戏啊？”

二十、海鲜生猛。

二十一、劳工神圣，自食其力的人都会受到尊重。

二十二、务实精神，几块钱的生意都有人做。

二十三、批发天地，可以扫货。

二十四、个体户最多的城市，一言不合就单干。

二十五、有《随笔》和《南方周末》。

本文写于 2021 年 6 月 20 日

西关的味道

黄爱东西

"饭有饭味，菜有菜味，是至味。"

作者介绍

黄爱东西，祖籍广东，生于上海，幼居广州西关。著有《老广州·屐声帆影》《夏夜花事·双城记之广州》《西关花月夜》《四季如夏》《老广州·至味西关》，科普作品《我有一个同事》等。

老西关人吃饭，夸菜好，说好有菜味；夸米好饭煮得好，说好有饭味。

粤语有句老话，饭有饭味，菜有菜味，是至味。

至味，也指每种食物最原始本真的味道，是到了极致的味道。有大道至简的意味。

要六味和合圆融，如果某种味道太突出，叫作太抢。

还讲究滋由淡定："淡淡定，有钱剩。"

幼时住西关，前后大概住了二十年。

在我的记忆拼图里，此地有南粤荒诞另类的神怪传说，劳作人们铜塑般的模糊群像，路边削马蹄的黑衣妇人和她们黑衣上汗干的浅色盐渍。无边无际的水乡美景，炎热蝉鸣的西关大屋和街巷，半通不通翻完的《三家巷》，心无旁骛翻阅和描摹过的连环画。

这里的家家户户都在专注和忙碌于过好自己的日子，偶尔才抬头眈天望地透口气。

成年后，在送给朋友的新书上，喜欢写上"俗世温暖，花好月圆"。

这里的人不怎么谈一些形而上的东西。相声听粤语的，足球听粤语讲波，他们早在《大话西游》之前很久，就认定看喜剧就要看周星驰，脱口秀要听黄子华。粤语人群对此总是很容易达成共识和默契。

粤语里另有一种奇特的活泼狡黠迂回表述方式，既冷又混不吝，既无厘头又有道理，猛踩油门和急刹车兼备，介乎无情和有情之间。像谁好端端地忽然做了个鬼脸，众人其实很想打他，却忍不住失笑。

于我而言，这是亲切熟悉的草根市民文化，日常生活里惯常的表达交流方式。里面有能量流动在，还时不常就更新了。

如果想到某个城市寻找集体温暖，或许首选不应该是广州。

这里的人不爱管闲事，所以显得冷。这种冷的逻辑基于“这是你自己的事情”，从另一角度看，也算是“十分冷淡存知己”。

非要究其缘由，也许和广州一直是商埠城市有关。商埠港口城市人来人往，龙蛇混杂各有路数，先顾好自己再说其他。既然有选择和有退路，自然也就不会逢人就拍肩膊拜把子，上来就掏心窝子，孤注一掷地要同富贵共患难。

他们通常不愿太深程度地介入别家的日子，你家关起门来的事情，未必就乐意别人指点。当然如果你遇到麻烦了，街坊们看不过眼会帮你搭把手，但也不会大包大揽。

“禾秆冚珍珠，有钱无人知”，是粤式的低调，旨在回避开观众和掌声，像捉迷藏游戏里念念有词的那句“你看不见我”。这也是从前老辈人的生存智慧，鲜衣怒马意气风发未尝不好，但也容易招惹来其他莫测复杂的眼光。

此地有很多偏安一隅的保守商人，持平民态度，勤恳营役，之后小富即安，与世无争。现在看来这也是很好玩的一种态度，和金戈铁马快意恩仇的痛快做派比起来，是另一种生下来就已经老去了的人生，也很实用，但要不要这样，仍然可以选择。

连音乐都是各家各户吃饱穿暖的小欢欣，细细碎碎的，节庆时候特别适合听一阵，也只合适这时候听。

说到宏大叙事的理想，孙中山、康有为、梁启超，孙逸仙医院、万木草堂、广州农民运动讲习所、黄埔军校、黄花岗烈士墓……要历数这些，108 猛人随时有。谁说这里没有理想主义，从壮怀激越到清粥小菜的各款理想都具体齐备。

这里的人们都有理想，就是好些理想都特别实在，闹得你以为那不是理想。

居民街坊们的理想，具体都体现在春节拜年贺词里：阖家安康身壮力健，家肥屋润发财就手，快高长大学业进步，财帛满屋富贵昭远，万事胜意顺顺利利。

我觉得这些贺词得算是理想关于幸福最具体落实的追求和想象。

在我同时进行的《都市与生活方式：广式幸福体系模式》专题观察里，我觉得，一个地方的衣食住行，是此地特有的生活方式，这个区域的文化基因库，由无数的细节、习俗和仪式组成。

西关曾是老广州的繁华地，虽则随着时代岁月一起或缓或急地向前流淌，这里的居民们却有意无意地固守和传承着有自己节奏的生活方式，或者说仪式。

此地居民埋头过日子之心无旁骛，甚至让你恍惚觉得所有的文化，都是为了让如此密不透风太过实在的凡俗生活更加滋润，才衍生出来的锦上添花和褒奖。

在这个历史悠久城间烟火气息浓郁的城市繁华地，某种对人生和生活的选择，以及具体实施的所有日常细节、态度和传承，就是文化。

乍看是水银泻地不知如何提纲挈领，实际上一直有脚踏实地的平静和安然专注的生活态度，根深蒂固地贯穿其中囊括所有。

这是种铁了心拿定主意，要全盘仔细过好每餐每天每月每年的态度和文化。

和张欣老师聊起过，幸福是否可以有通过努力而达成的模式，我说，如果按照“广式幸福体系模式”，那就是有。由于历史渊源和所处经纬度，此地相当多的居民，过成了资深小康生活科代表。

那是一整套的价值观和具本到每个操作细节的生活仪式，照着做的话，估计能有超过六成的机会觉得还算幸福。

这种细节甚至涵括累积了此地居民们对一蔬一饭滋味达成的共识和标准，在看似平常的每个时刻，人们都有机会领略感觉到，似乎有小型的幸福刚才从自己身边路过。

或许抵达幸福的路径，并不仅只是必须登顶才降临的巨大褒奖，或者还有另一种，是一路走去和风细细随时随地。

如果幸福的感觉，也可以积分达成，那么累积的过程，也是一种抵达。

这是我所理解和体会的西关味道。

选自《至味西关》，广州出版社，2019年版

羊城广州，每一条街都潜伏着美食

江冰

“别轻看了每一条大街小巷，遍地美食，隐约其间，潜伏其间。”

作者介绍

江冰（1957— ），广州岭南文化研究会会长，广东财经大学教授，广州都市文学与都市文化研究基地首席专家。著有《浪漫与悲凉的人生》《中华服饰文化》《新媒体时代的80后文学》《酷青春》《这座城，把所有人变成广州人》《老码头，流转千年这座城》《岭南乡愁》等。

有一种说法很形象，把北上广深四座城市各赋予一个比喻：北京是一座城，上海是一扇窗，广州是一锅汤，深圳是一股劲。比较起来，广州就是活色生香，历久弥新一锅煮沸了2000多年的汤汤水水，这个汤水接近日常生活，唾手可得，亲切自然。十分形象生动地传达了一份广州的气质与精神风貌。

美在花城，食在广州。鲜花盛开，美食遍地。汤水家常，温暖宜居。这座城，每一条街，每一个角落，都潜伏着美食。无论大排档、“居家店”，抑或大酒楼、大酒店。

己亥新年，开门潮州菜。潮州菜，粤菜大系。炸鱼皮为潮汕传统小吃，鱼皮多用急冻半滑舌鳎（龙脷）皮、鲮鱼皮或黄鳝皮做，最理想用九棍皮炸，鱼皮香脆且无腥味。鱼皮油炸却不失原色，松脆微咸，蘸滚烫鱼汤入口，别具风味；只是不知鱼汤有何讲究？什么鱼熬汤最佳？需要与鱼皮配对吗？

海蜇丝捞鸡：手撕鸡备妥一盘，海蜇丝辅以洋葱丝胡萝卜丝芹菜芋头丝米饼片等一盘；两盘合一拌之，风格近似顺德菜肚丝捞起、鱼生捞起一路；但海蜇加盟，海洋气息浓郁。

蒸鱼印象深刻：切开小柠檬抢眼，酸甜汁成就酸汤鱼肉异香，提升鲜嫩境界。白果芋泥，数枚雪白银杏点缀，让紫色芋泥刹那富贵，足见潮州菜之功夫精致、匠心独运。

潮汕卤味一向抢手，潮州冷拼深受羊城食客喜爱。琳琅满目，选择面宽：鹅鸡鸭、牛猪肉，与鹅肝、猪手、肉卷、卤豆腐等均为食客常点冷菜，其中尤以狮头鹅名声显赫。品种互搭，交相辉映。

开年又读林语堂《吾国与吾民》：“人世间谈任何事情，值得吾人慎重行事者，那不是宗教，也不是学问，而是‘吃’。”——潮汕人得此真谛，其“种田如绣花”之态度，使潮州菜亦成一本生活艺术教科书。岂止厨艺？同时还有热忱与态度、生命热爱与大自然热爱的融会贯通。

吾将炸鱼皮氽过滚烫鱼汤瞬间，小有觉悟：语堂先生所言中国烹饪别于欧洲二原则——食材肌理与口感、食材滋味依仗调和。恰巧以炸鱼皮滚鱼汤、小柠檬入蒸鱼为上好例证。至于潮州卤味，潮人至爱。

吾移居深广二十年矣，遇嗜好鹅头鹅肝者，每每惊讶。细细品味，潮汕卤味实在是食材滋味调和之经典：丝丝缕缕，无微不至。拜服，拜服。

“点都德”——广州早茶金牌店，承传而创新。此店出品新派早茶，因为品相抢眼，最得初来乍到的外地游客青睐。其一大吸引处，上午九点半至晚上十点，全天茶点，时时早茶。

招牌参汤四色虾饺，乃非遗作品金牌虾饺皇之发展。一饺数虾为馅，蔬菜汁染饺皮，红黄白绿四色，玲珑小碗衬托。金莎海虾红米肠，色香味俱全，口感分层实现，食客喜爱，台台均点。

日式青芥萝卜糕将最日常萝卜高度精致化，型靓味佳，颇具广府早茶茶点之精神：源自寻常，神奇点化。平常油条，不但油炸酥脆，摆盘亦有几分讲究，量虽小都显示茁壮蓬勃之势，令人眼前一亮。

至于各色粥品、糕点包子、凤爪排骨，无不经典。食之悦然，品之回味矣。

如果说这一家的白切鸡是广州最好的，一定会有许多食客摇头。作为“无鸡不成宴”的广州，白切鸡、豉油鸡、盐焗鸡等上百品种，不但各家有各家的做法，而且各店有各店的高招。但是，说眼前这盘葵花鸡所做的白切鸡，是最好的和最贵的之一，比较合乎事实。理由简单：这盘鸡，出品于广州的中国第一家中外合资五星级酒店——广州白天鹅宾馆，由香港霍英东先生与广州市政府合资兴建，1983 年开业至今。此品平时 880 元，周末节日 1080 元一盘。鸡肉鲜嫩，鸡味十足；鸡皮更妙，滑嫩中既脆又韧，口感味道一流。全鸡摆盘呈现，亦是粤菜的一个标志性风景。

古老肉，亦称咕噜肉。猪肉配菠萝恰好是广府菜的一个绝配：酸酸菠萝衬托出咕噜肉的鲜香。此品诞生于清朝，与当时来广州的外国人的口味大有渊源。老外尤喜糖醋排骨，但不习惯吐骨。广东厨师即以出骨精肉加调味淀粉拌和制成肉圆入油锅炸至酥脆，蘸上糖醋卤汁，并佐配岭南佳果菠萝，有款有味。其味可口酸甜，大受外宾欢迎。

糖醋排骨历史较老，经改制后便改称“古老肉”。老外发音不准，“古老肉”叫作“咕噜肉”，因为吃时有弹性，嚼肉时咯咯有声，故两种称法并存流传至今。由此亦可见出广府菜的世界性，此品在国外亦有一定知名度与美誉度。

铁板叉烧，亦是鲜嫩无比。猪肉经过腌制，用炭火借助铁板烤熟制成，肥瘦相间，口感味道一流。最考刀工厨艺的炒鱼片，火候上佳，细腻滑嫩。满族语音直译的萨其马宫廷点心，据说亦是广州顶级水平，软糯微甜，广州人“老味道”之一。

白天鹅宾馆已经成为广州市民一种本土情结，代表改革开放时代的一个标志。近日中央电视台播映《广州故事》，出镜的霍英东先生的儿子就笑谈当年开业盛况：市民蜂拥而至，仪式结束后，孩童鞋子遗落一地。

前年关门装修，重新开张后大批市民访问，仿佛走亲探友一般。你瞧，宾馆高大内庭就是岭南山水瀑布，三个字赫然在目：“故乡水”——令人倍感亲切，弥散羊城街坊烟火气。曾在广州生活多年的陈先生说：这座宾馆构成广州人鲜活记忆，也是一个正式“南风窗”。

应该承认红酒杯辉映下的一道道西式粤菜，平添异样光芒，弥散南国夜色中的浪漫。西洋菜陈肾炖生鱼，生鱼与陈肾鲜香含蓄，既各具其味，又携手汇合。芦笋牛柳，清脆芦笋衬托鲜嫩牛肉。

糯米饭精致细腻，腊肉虾仁蛋清花生香菇葱花与糯米融为一体，味道多元，香气交汇，乃广州多年遇到色香味最佳糯米饭。此种将中餐西式、粤菜精致化的吃法，我在广州酒家天极店已有见识。但珠江新城此家在充分西式路径上，还是注意保留粤菜完整性，分量稍多，用小碗保持温度。

不过，我依然认为此种西式吃法，适合于佐配红酒沙龙性社交性晚宴，尽管分餐小份高档，但失去了粤菜享用的锅镬气，比如“啫啫”“煲仔”“焗”等；失去了整只鱼、白切鸡摆盘的观赏性，中餐色香味被西式精美小点所取代，终觉可惜。还有群体用餐的集体性：亲若家人，温馨气氛。退一步说，西式粤菜仅为粤菜食用方式支流而已，中餐毕竟是成熟礼仪，快餐西式化，“小道”矣。

老东山，粤菜流派之一客家菜酒楼。招牌有三：土猪肉汤，盐焗鸡，梅菜扣肉。著名的还有酿豆腐，豆腐包肉——传说客家南下，无面包饺，索性以此替代。“酿”已成客家特有方式，酿茄子、酿辣椒等，而吾尤喜酿油豆泡。上汤苦麻菜，清爽可口，最冲油腻。

新菜“一夜情”都市时尚出品，询老板：粤语砂锅“埕”发音近普通话“情”，而鱼在砂锅中腌制一夜再油煎，引申“一夜情”，可谓抓眼球不惧浮浪。

客家小吃中最日常大众的代表作是腌面，客家人多为早点，佐配及第汤或土猪肉汤。腌面为碱面，较广府面条粗犷，客家各地腌面做法不一，但大同小异，一般在盖头佐料上有所变化。

“要问客家来何处，客家来自黄河边；要问客家居何处，逢山有客客居山”——此言说明两点：客家自北方来，与中原渊源密切；客家迟到，好田好水当地人享用几代，所以只好进山拓荒，还得防土著侵袭。

客家食品带有北方遗绪，且受山居影响。食物为保存，用盐腌制，耐存耐放。如今客家菜进了城，与广府菜潮汕菜相比，风格质朴豪放，咸度较高，花样也少，大多脱不了环保农家菜档次，难入精美高档，难进五星酒店。

可见，客家菜接近日常环保，既是优势，亦为短板。如何既坚守传统本色，又适应现代都市人有所发展，实为迫切课题。近年对客家大盘菜的开掘，即是令羊城饮食界耳目一新之举。

城里美食彰显，郊区村落也有特色。羊城南边，黄埔村，一条河涌贯穿古村相连珠江，村里人吃饭的酒家有“小时候的味道”——冲老广这句话去寻正宗，果不其然。

红腰豆猪尾煲乃亮点，腰豆鲜红清亮，先声夺人，豆香锁住猪尾胶原蛋白，成就粤菜经典名菜。猪尾软糯又弹牙，与腰豆相衬，口感味道与品相兼顾。此煲又称红腰豆焖猪尾，焖烧收汁恰到好处，猪尾醇厚荤香与腰豆天然清香水乳交融，寻常食材汇合非寻常香味。

水鸭冬瓜盅不但造型宏伟，而且汤汁清甜鲜美，喝之极其舒坦。小水鸭佐配蜜枣薏米瘦肉淡菜姜片，清新冬瓜恍若一方舞台：众多食材似跳跃精灵。

音乐声起，恍惚间岭南舞剧开场，孔夫子所言意境悄然而至——闻《韶》，三月不知肉味。吾刹那觉悟：音乐与食物之美原本可以沟通——食色天下，交融汇合亦可同道矣。美哉美哉！

至于冬瓜大盅提前捞起汤料，有意佐配椒圈生抽小碟，请你喝汤亦食渣；汤渣不弃，既昭示食材新鲜，又不失乡村俭朴不奢古风。一盘上汤桑叶更蕴含岭南农耕传统，令人回想珠三角桑基鱼塘，叶大鱼肥，彰显自然淳朴的本土地域特色。

羊城北边，白云山，一间寻常酒楼，却有地道广府菜品。青榄石黄皮炖喉骨，原盅炖汤，主角是牛喉骨与龙骨瘦肉，但特色在青榄与石黄皮。石黄皮非水果黄皮也，乃骨碎补肾蕨属植物，其性微凉而味甘，具有清热利湿、宁肺止咳、消积的功效。只见汤中一枚青榄，一枚石黄皮；前者青色，后者暗红，果实较青榄略小，状似紫红葡萄。

青橄榄与石黄皮果双双出场，清香弥漫，沁人心脾；与牛杂猪肉相比，反有喧宾夺主优势。芦蒿炒土家腊肉，翠绿芦蒿衬托冬季腊味异香。水东芥菜亮点在猪油渣入菜，别具家常风味。姜蛋酸菜炒饭，妙在一丁点细碎刀工嫩姜，与鸡蛋携手调剂蛋味荤香；再佐配上好酸菜碎末，焕发清新田园风味，让一盘寻常炒饭平添不寻常特色。

粤菜铁板生啫猪杂，妙在黝黑一块铁板，靠加热铁板高温将猪杂焗熟。将猪舌肝肚肠等切块腌制，加蒜葱姜芹加生抽老抽蚝油上铁板翻炒加盖焗熟，讲究烹调时间，猪杂鲜嫩，佐料正熟，恰到好处。此品上桌，滋滋有味，颇具人缘。

藤椒水煮鱼片，类似水煮鱼、酸菜鱼，讲求鱼片滑嫩，鱼汤异香。因配料组合而具不同风味，此品亮点藤椒。藤椒香味比花椒清香，麻味较花椒柔和清新，少刺激，无苦涩。不但去腥而且带来鱼汤异香，与黄豆芽交相辉映，携手登场，甚是可口，且品相喜人。

惠食佳，广州羊城著名酒家。惠食佳并非百年老店，出身亦非高贵。1992 年诞生，由大排档发展至连锁店。其两顶帽子亮眼：上了《舌尖上的中国》，进了米其林一星。

中午晚餐均食客盈门，等位者众。据说订房需提前数日，生意跑火。原创生啫大黄鳝一菜因为上了《舌尖上的中国》，闻名遐迩。惠食佳招牌菜就是各种啫啫煲。“啫啫”为声响形容词，粤菜中专门以砂锅烧滚烫烹调各种荤素，上桌时香气伴着食材与高温砂锅零距离接触发出“啫啫”声响，锅盖一揭，锅镬气陡然升腾，香味乍开弥散全桌，食客为之一振，气氛相当热烈。

东风店不如滨江店门面豪华，但行家说菜品并不逊色。店面不大，传统风格。包间案几供奉民间吉祥如意图，青花瓷瓶插着富贵绿竹。桌布、墙面俱为汉族传统装饰，红红火火，气氛喜庆。

我享用一桌菜，印象深刻有二：原盅猪肺白菜汤与啫啫蚝烙。一人一位炖盅盅汤，汤盅较其他酒楼略大，汤味更浓；除汤料量足外，两瓣菜胆色白若玉，入口菜香醇厚，口感特殊，胜人一筹。我迷惑，不似菜干，新鲜如何带上韧性炖而不烂？

讨教内行方知此为粤菜家常做法，新鲜菜胆入炖盅汤并不会烂熟，所以既鲜美又有质感，让我倍觉新鲜。再次由心底钦佩粤菜深入千家万户，煲汤炖盅老广州人“都知道”。我还在门外，努力登堂入室呢。

蚝烙抢眼且异常鲜美，黄白相间，香气袭人。蚝烙在潮汕、台湾都是招牌名小吃，惠食佳视其为老粤菜，看来出品菜式并不局限于广府菜范围。蚝仔若珍珠，玲珑且鲜嫩，用鸡蛋清融汇油煎，恰到好处地在铁锅底形成一层薄薄锅巴，入口脆香，其海鲜蛋香携手并肩，已然抵达上品境界。今天出品的蚝烙不同其他的特色之一，是加了白贝，使一盘蚝烙品相更加立体生动。

我食粤菜还真有登堂入室的感觉，慢慢品味，慢慢学习，不像大学搞课题，写论文结项。我不功利，也不急。比如，我喜欢食用南北杏菜干煲猪肺——一道粤菜名汤，其过程就让我学到许多。

猪肺瘦肉佐以少许杏仁桂圆陈皮蜜枣与菜干，别小看一钵汤中之“少许”，恰如各路神仙聚会，各具风采，风光一片全在汤中，枣桂鲜甜，杏仁异香，实乃夏令祛湿排毒清凉上佳汤品。此汤与梅菜扣肉饭绝配。上好五花肉腌制后肉皮油煎，掺入广东梅菜上笼蒸熟，铺垫生菜托底。炎热夏日，既脂肪蛋白充分，又荤而不腻爽口满足。

东山老店，多做街坊邻居生意，且老人居多，注重老味道老式样。近年虽铺面涨价，货币贬值，广府食品稍有缩水，比如南北杏汤汤料减少，杏减少陈皮消失，但老味道七八成还在。

学习欣赏粤菜美食，我常在美食写作中获得收益。我的美食写作已然成为习惯爱好，也是进入本土文化研究之有效路径。多在享用之后即刻成文发朋友圈。一是记忆犹新，二是与懒惰斗争——转身而去常被杂务缠身，小事易被轻轻放过。然而写得匆忙，又不懂粤语，常以外地人思维评判，不免有误。

好在微信既是公开媒体，亦是讨教课堂。微友不吝赐教，让我的写作过程延伸为学习过程，时常在感激中有班门弄斧之愧疚！比如同事强哥指教：干菜，粤语叫“菜干”、笋干、鱼干。不说干菜，大概是保留古汉语的“倒装”式？还有类似公鸡，叫作“鸡公”；梅菜扣肉的梅菜，属于客家腌制咸菜一类，不干的。所以不称“梅菜干”（梅干菜），就叫作“梅菜”。比如，聂博士指出菜胆入原盅炖汤可以保持口感韧性。再如，学生烁侃从汕头远眺，也参与讨论：菜干的“干”应该和果脯的“脯”相同作名词吧，潮汕话也说菜干、鱼干，这里的“干”作名词发音，读音和作形容词不同。有时美食讨论会向纵深发展，比如，四川人小冯发声：我猜梅菜扣肉与四川咸烧白应属同宗同源，不过演变至今就品相看，四川咸烧白更精致，前者很容易让人联想到“大块吃肉，大碗喝酒”，四川烧白则不然，可登大雅之堂也。一孔之见，仅限于盛盘品相和口感，没有褒贬之意。有异议者，一笑而过足矣。

食用与了解南乳猪手亦是一次学习。南乳猪手乃一道色香味俱全的传统粤菜，岭南人称猪蹄为猪手，是否古语？直觉透着文雅与尊重，传达对于生物与食物之双重尊重；南乳又叫红腐乳、红方，是用红曲发酵制成的豆腐乳。用腐乳生抽爆烧煮熟猪蹄乃用心所在。荤而不腻，嚼劲回味，我甚好之。

大可以店出品一份 16 元，再佐配一个原盅罗汉果瘦肉汤，半个干果异香微甜，几块瘦猪肉，佐配小块甘蔗，煲出汤汁浓厚。一砵蒸饭，一盅原汤，已然绝配。猪手猪蹄，手足有别。

我的微信朋友圈，一时讨论者众，亦出分歧。比如上海阿勇认为：应该是这样，后面的叫猪脚。大概后来就统称为猪手了。四会阿红则认定煲汤描述有误：罗汉果炖瘦肉应该不会是这个颜色吧？感觉像猪脚姜醋。当然还是最懂广东的老徐表述稳妥：猪手，猪前蹄也。这种区分于讲究吃的粤人很有必要，因为猪后蹄没多大吃头。衷心感谢微信朋友圈，既有铁粉，亦有司好，更有义务指导老师。凡事皆有反响，写者不亦乐乎？

依此心态，且行且学习。

戊戌新春，我居然有幸参加介绍羊城新书编写，分配撰写美食一章，深感荣幸。我认真与饮食界大咖畅谈，虚心向资深食客行家讨教，除探讨美食制作外，大家每每谈及粤菜“档次”。

大排档与资深连锁，居家门脸小店与知名大酒楼，虽各得其所，各有位置，但菜品档次与食客消费层次，以及对粤菜品味之追求，仍分高下粗细。即便羊城内部，新城老区，消费也各有特点，层次档次不同。或说“点都德”中低档，茶点品相主要吸引外行外地人；或言广州酒家才是富贵正宗；或言荔湾区越秀区藏龙卧虎，名头可能不响，底蕴无不深厚……说法纷纭，莫衷一是。

不过，有一点却是共识：广州酒楼，店大不欺客，店小不寒碜。说到底，广州的好处在于天性包容，兼收并取。你说你的档次，我食我的喜好，谁说谁“识食”？并无绝对权威。人情世故，市井街坊，从来不会妨碍进高档酒楼者，偶尔亦去吃一份旧门店的鱼皮；至于街头随处可见濑粉肠粉云吞面，吃一碗也不觉掉了身份。

哈，羊城美食，既有档次亦非只看档次，追根究底，还是要味道好！老味道，新味道，都要味道好。别轻看了每一条大街小巷，遍地美食，隐约其间，潜伏其间。可能不显山不露水，却藏龙卧虎，天外有天，各有各的高招，各有各的利器。需要包容，需要襟怀，也需要热爱。而这一既高尚又质朴的羊城食客追求，什么广府潮州客家菜，名头再大都涵盖不了，更不是洋派米其林指南、中派黑珍珠指南能够左右。这，才是令我心仪钦佩的羊城食客态度呵。

“食在广州”，遍地美食，原本就包罗万象，揽汇天下而得天下美誉矣。

选自《广州文艺》2019 年第 8 期

小花园改造记

宋晓琪

"一年一度，愿意就盛开满树花，粉红粉红，美得厉害；不高兴则全然与花无关，四季都绿着一张脸。"

作者介绍

宋晓琪（1952— ），国家一级作家，中国作协会员，中国散文学会会员，中华诗词学会会员，资深电视人。出版散文、诗歌、长篇报告文学等个人专著多部。

家在广州，家住一楼。门前有30平方那么小的空地，购买时主要冲着这点，觉得自己好歹成了有地之主。尽管我不知道是否能够算园子，但我还是面不改色心不跳地把它叫作小花园。

这个小花园名不副实，关键不是因为太小，而是基本没有花。野草、野菜倒是一直不缺，再加上被水果梦闹的，不自量力种了几棵树，无拘无束往上蹿，也符合我让它们自由生长的原则，至少园子不寂寞。

但树们多不争气，先是青枣树长满了虫，只是不长青枣。只好挥泪斩掉，改种一棵茶花。大约因为不怎么管伊，伊便任性得很，一年一度，愿意就盛开满树花，粉红粉红，美得厉害；不高兴则全然与花无关，四季都绿着一张脸。

杧果树刚来的时候挂着十来个拳头大的果，胖乎乎地招人喜爱，但养大了这轮果子后，便彻底歇菜，死活不肯再孕。没办法，庙太小，供不起这个大菩萨，客客气气送走了。

龙眼树是第三位被请走的，它竟然十年如一日，只是心无旁骛地长高，快与三楼的窗口亲密接触了，却拒绝承担开花结果的责任……后来我想通了，明白园子已经够小，阳光又严重不足，再加上我们基本不施肥，很少去管理，浇水还不定时，树们有苦说不出，也难免用这种方式表达抗议。罢，剩下一棵黄皮树，每年挂几串果子，聊以自慰。

好在只要有土，园子是不会空下来的。原来种的“一帆风顺”是半阴生植物，对阳光要求不高，总那么不离不弃地长着，间或伸出几枝形似船帆的白花，也蛮好看。还有纯粹自来的野芋头，生命力超强，几日不见，便飚高了半尺，且四处开枝散叶。更有今天冒几株紫苏苗探头探脑，明天多了几棵“狗肝菜”，至于不知名的小植物就多了去了，各长各的，互不干扰，或枯或荣。反正政策宽松，花草任长，我这个主人也乐得自在。儿子是想好好种花的，无奈工作忙，又用了几年业余时间找对象、谈恋爱，园子就不大顾得上了。

这种状况从2014年开始有了小小的改善。起因是喜欢园艺的儿子娶了一个同样喜欢种花的媳妇，而媳妇的爹大学时读的是生物学，虽远在外地，以如今的通信快捷，关键时刻完全可以派上免费咨询指导的用场。儿子家在楼上，阳台难以施展园艺，好在和我们的距离不过“两碗汤”（走路半小时），媳妇回家看到自由主义泛滥的小园子，就有一点儿改造的冲动。但毕竟是公公婆婆家的地方，新媳妇不敢造次，于是循序渐进，从小处做起——

比如不动声色地提来一小盆月季：“妈，我们那阳台上种不好，您这儿接地气（米汤灌输法）。”“好好好，你看种哪儿吧！”贴着墙不张扬，花儿开得靓。

比如悄无声息快递到家一包肥料：“妈，这土太瘦，不透气，得施肥（细致入心法）。”这个合我意，给贫瘠的土壤增添养分，逐步改良土质。

又比如先给我看图片，赢得我对绣球花的声声赞叹。再种一盆示范绣球花，在她家阳台上绽放，看得我眼馋，她接着邮购一袋绣球花苗施施然进驻园子。

两年过去了，我早已拱手交出小花园的设计施工权，儿子媳妇心中的花园改造大计趋于成熟，也吊起了我的胃口，使我满怀期待。

我被告知花园将是立体的多层次的呈现，保留原有的黄皮树、茶花、桂花、辣椒、竹子和“一帆风顺”，扩大已经种下的绣球花面积，增加蓝雪花等盆栽，栅栏上悬挂小盆的阴生植物，包括吊兰和石斛，中间两米长的小道则重新铺设石板……那些天我们源源不断地收到与改造工程相关的快递物品，各类园艺工具也配备齐全。

一切按计划进行。儿子媳妇频频利用晚上和星期天过来实操，每回都点着蚊香，干到汗湿衣衫。五一节假期花园改造进入尾声，他们夫妻双双在园子里忙碌，孙子拍球时不时跑去慰问，或者帮倒忙强行淋水，被劝进房内就隔窗相望，喊几句：“爸爸妈妈加油！”

傍晚时分工程基本完成，儿子媳妇汗流浃背、喜笑颜开，我拍着胸口说：“晚饭我请客，聊表谢意！”全家人高高兴兴奔酒家而去。

又是两个月过去了，小花园面貌彻底改观，在我眼里是小而丰富，小而精致，层次分明，错落有致。但儿子媳妇并不罢手，每次回来坐不了多久便进园子开干，施肥除虫剪枝，还要经常考虑去旧补新。遇到花花草草有什么疑难杂症，媳妇就立刻拍照，附上说明，发给她爸爸，或干脆电话打过去，请求远程技术援助。我这才知道花园改造和管理未有穷期。

此时园子里热闹非常：绣球花过了高峰势头还在，月季花爬上墙谢了又开，蓝雪花整体成扇形一簇簇开得耀眼，石斛花开完了绿芽撩人，桂花靓过一轮又见点点花苞，“一帆风顺”个头蹿高、“白帆”列队高悬，还有艾草、猫爪草、鱼腥草可观赏可食用可入药，多年不绽红的三角梅有了“铁树开花”的兆头。玉簪花、无尽夏、百子莲、紫娇花也各自安好，伺机一展芳华……亲友偶尔光临寒舍，小花园便成了唯一的“景点”。

我当然知道，在这个有花城美誉的南方都市，我家这个园子摆不上台面，但自娱自乐是足够的。前些天小区有位热爱摄影的阿姨背着部大相机走来，彬彬有礼地问我，能否让她拍一拍园子里的花们，我喜欢得不行，那是敞开小门迎近邻啊！

儿子媳妇不在家的时候，我能够做的也就是拔草、淋水、摘辣椒，做完了还得意扬扬向他们“邀功”，好像他们才是这小花园的主人。我技术活不行，体力活凑合，然后当个合格的欣赏者，间或请主要劳动力吃吃饭，以表慰问和谢意。

早晨，坐在飘台上，我望着一窗之隔的小园子，姹紫嫣红绿意盎然，兀自旁若无人地美丽，有恬静含蓄，有花语呢喃，就觉得土地神奇，生命可贵，咱们怎么能不珍惜自然，珍惜家园，珍惜当下哟！

选自《羊城晚报》2019 年 10 月 23 日

一路热闹到底

钟晓毅

“中国向现代化‘进军’，是在岭南这一海岸登陆的，岭南首府广州更是千年不衰的国际通商港口城市，创造了许多个‘睁眼看世界’的第一个范例。”

作者介绍

钟晓毅（1963— ），广州人。20世纪80年代开始写作。著有学术专著《走进这一方风景》《在南方的阅读》《穿过林子便是海》《金屑传奇》等，文艺创作《慢慢长大》《红尘有舞》等，主编《人文新走向》《敢为天下先：海洋文化广东创新三十年》《霭霭停云》等。

我们好像已不知不觉中处在了众声喧哗的时代。

曾经拥有的仿佛都已丢失，不曾想到的却一下子就在面前，在快速变化的都市中，似乎每个人都惶恐不安。

“更待菊黄家酝熟，共君一醉一陶然”的情怀已少见，“人闲桂花落，夜静春山空。月出惊山鸟，时鸣春涧中”的风景也难再。

每一个人都在匆匆忙忙地做着自己，梦想难以梦想的，追逐难以追逐的。永远在路上。

幸好在广州市，在北京路，还有一些能让我们惊喜地伫立和驻足的老字号、老品牌，在上百年甚至是数百年的岁月淘洗中，它们也曾星光黯淡过，也曾花果凋零过，但一旦回到了政通人和的好时代，它们又重新焕发了生机，一次又一次地振翅飞翔，无论是陈李济、太平馆还是致美斋，均可作如是观；这些广州人耳熟能详、津津乐道的与民生一直紧密相连的老字号，每每让人念及，常常会有一种佛性涌上心间，它们的历史，它们的文化，它们的衰微之后，一次又一次崛起，都标示出一种心的境界——心如明镜，温润明亮，印证万物而保有自身。不期然会令人想起神秀和尚之前的那段偈语：

身是菩提树，心如明镜台。
时时勤拂拭，勿使惹尘埃。

因为有惠能的明澈、空灵的悟觉在后面等着：“菩提本无树，明镜亦非台。本来无一物，何处惹尘埃。”它的意义便相对韬光不显，但从另一面来说，哪能人人皆成佛呢？平常人生里，能“时时勤拂拭”，已是生活中最大的意义了。也许这是一个不够“大公无私”、不以“天下为公”的目标，却是一个充满了善意的追求，是正能量的充分体现，这不仅仅能在任何时候都保存了自身发展，同时还尽自己的最大能力，唤醒了身边的经验整体，让众生或醍醐灌顶，或拈花微笑，均受益良多，共同维持了各自的立足点并保留超越各种可能性的能力。所以，这些老字号都拥有精湛的技艺，承载着中华民族的工匠精神和优秀传统文化，具有巨大的品牌价值、经济价值和文化价值；它们鲜活而充满生命力，这在它们的前世今生所经历的故事里比比皆是，那种“春江潮水连海平，海上明月共潮生”的情怀，那种“谁能将旗鼓，一为取龙城”的拼搏，任何时候都依然兴致盎然地吹奏生命之音，一路热闹到底的气魄，值得赢得满堂喝彩。

• 药香永恒

“广东大暑吃仙草，快活神仙不会老。”临近仲夏，走近北京路陈李济的老店铺旁，仿佛还能听到当年可爱的

"细路哥"声音清脆的童谣。

"仙草"是一种消暑的甜品，又名凉粉草、仙人草，属唇形科凉粉草，属草本宿根植物，是重要的药食两用植物资源，由于其神奇的消暑功效，被誉为"仙草"。广州人恐怕没有未吃过的。我们的中药文化悠久，陈李济本就是一个"百草园"，老百姓大多对中草药比较熟悉，而许多中草药的取名常常从形状、颜色、性味或一些典故而来，其意蕴丰富形象。如某些人因为发现了某种药物的治病功能，该草药便以其名命之，如"刘寄奴""徐长卿""何首乌"等；甘草能调和诸药，故有"国老"之誉；大黄性烈，便有了"将军"之称。还有互成谜语的药草也很有趣：若决江河（泽泻）、桃之夭夭（红花）、幼儿学之（远志）、妇产房（生地）、仙人之歌（神曲）、酣睡（安息香）、条条大道无阻挡（路路通）、读书好处多（益智）、家喻户晓（贯众）、天女散花（降香）、千里驹（马宝）、枯木逢春（苏木）、出外之人思故乡（怀熟地）、飞骑穿杨（走马箭）、浪子回头（金不换）、酸甜苦辣咸（五味子）、九死一生（独活）、低头思故乡（当归）……还有许多许多动人的药草故事不胜枚举。因此暑热当头，虽然案头上有唐代白居易的《销暑》诗："何以销烦暑，端居一院中。眼前无长物，窗下有清风。热散由心静，凉生为室空。此时身自得，难更与人同。"还有宋代曾几的《大暑》咏叹："赤日几时过，清风无处寻。经书聊枕籍，瓜李漫浮沉。

兰若静复静，茅茨深又深。炎蒸乃如许，那更惜分阴。”读来都清爽宜人，为苦夏的人们送来一丝清凉，但总觉得没有读《水调歌头·汤头拾趣》来得痛快：“竹叶柳蒡道，泰山磐石边。龟鹿二仙兴至，逍遥桂枝前。更有四君三子，大小青龙共舞，玉女伴天仙。阳和桃花笑，碧云牡丹妍。酥蜜酒，甘露饮，八珍餐。白头翁醉，何人送服醒消丸？凉膈葛花解酲，保元人参养荣，回春还少年。四海疏郁罢，常山浴涌泉。”

短短的一首词，却包含汤头三十个，依次为：竹叶柳蒡汤、泰山磐石散、龟鹿二仙胶、逍遥散、桂枝汤、四君子汤、三子汤、大青龙汤、小青龙汤、玉女煎、天仙藤散、阳和汤、桃花汤、碧云散、牡丹皮散、酥蜜膏酒、甘露饮、八珍汤、白头翁汤、何人饮、醒消丸、凉膈散、葛花解酲汤、保元汤、人参养荣汤、回春丹、还少丹、四海疏郁汤、常山饮、涌泉散。

若是喝了这么多的汤和饮品还觉得不解渴，那么再来看看南宋著名词人辛弃疾夫妇的“爱情迷魂汤”是多么的让人解颐。

传说辛弃疾就是因为从小体弱多病，家中长辈才直截了当地给他取了“弃疾”的大名，他对中草药确实也是了如指掌，嵌入词中把草药名运用得自然天成，没有一点斧匠的痕迹。

他的《满庭芳·静夜思》是这样写的，深情款款：

云母屏开，珍珠帘闭，防风吹散沉香。离情抑郁，金缕织硫黄。柏影桂枝交映，从容起，弄水银堂。连翘首，惊过半夏，凉透薄荷裳。

一钩藤上月，寻常山夜，梦宿沙场。早已轻粉黛，独活空房。欲续断弦未得，乌头白，最苦参商。当归也！茱萸熟，地老菊花黄。

此词缠绵苍凉，词中的中药有云母、珍珠、防风、沉香、郁金、黄柏、桂枝、从容（即苁蓉）、水银、连翘、半夏、薄荷、钩藤、常山、宿沙、轻粉、独活、续断、乌头、苦参、当归、茱萸、地黄、菊花等二十多味。

闻说无独有偶，辛夫人也精通诗词，故亦以中药名入句作词回寄夫君：

槟榔一去，已历半夏，岂不当归也。谁使君子，寄奴缠绕他枝，令故园芍药花无主矣。妻叩视天南星，下视忍冬藤，盼来了白芨书，茹不尽黄连苦。豆蔻不消心中恨，丁香空结雨中愁。人生三七过，看风吹西河柳，盼将军益母。

此词每一句都嵌入一味药名，抒发了妻子心中的哀怨和思念，情真意切。

有人说这其实并不是辛夫人写的，是坊间戏作，并在之后又以夫君之名再加了一阕戏作：

> 红娘子一别，桂香枝已凋谢矣！也思菊花茂盛，欲归紫苑。奈常山路远，滑石难行，故待从容耳！卿勿使急性子，骂我苍耳子。明春红花开时，吾与马勃、杜仲结伴返乡。至时有金钗相赠也。

戏作也是药名的联句，思念、艰辛、归期和允诺跃然纸上，读罢亦觉趣味无穷，词中用得最为美妙、最为风趣的是“红娘子”“急性子”“苍耳子”这几味中药名。

若这些诗词文辞撩起了你的中药之思，想再重温那漫山遍野的药香，那最好还是到广东南药代表的老字号“陈李济”走一遭吧。四百余年的老品牌了，有历史，有担当，有情怀，更有“掬水月在手，弄花香满衣”的种种故事。以前的人，总要等到时代结束了，才慢条斯理回忆好时光；而现时的人，在一切还在急管繁弦的当儿，就在呕心沥血迫不及待地回顾，因为怕周围的繁花似锦，经不起时间的涤荡。但你走进陈李济，完全无须担心这一点，虽然岁月的流逝宛如无影无迹的风在心之风铃间穿行，然后发出一串孤寂而灵动的回声，但陈李济的诚信之光、责任之心、创新之盛，已经成为一种高度，在高处亮着，在云里开敞着，有无数的路径通向它，却不容易抵达，“长寿”确实是有密码的。

遥想在1600年末，广东南海县商人陈体全，在外收得货银乘船返回广州，匆忙中，将货银遗留在船上，被一位叫李升佐的同船旅客拾获，李升佐不见利忘义，整日在码头等候，终将遗银悉数归还失主。陈体全感李升佐高义隆情、品德诚实，意欲酬报，被婉言谢绝。陈体全知李升佐精通医道，在广州城大南门己未牌坊脚（即今天的北京路）开设一间中草药店，于是诚恳地提出拿出遗金半数，投资于李升佐的中草药店，李升佐推辞再三，盛情难却，只好应允。两人当即便用红柬写下合伙文书，曰："本钱各出，利益均沾，同心济世，长发其祥。"并在各自姓氏中，取一字，将其店号定名"陈李济"，寓意"陈李合作，同心济世"，从此，"陈李济"的店号就在广州城南双门底（现北京路194号银座广场）创立起来。

拾金不昧、诚信结缘的创业故事，奠定了陈李济的长寿基因，也让陈、李两个家族走到了一起，两个家族在一个"济"字上找到了共鸣，并由此生发了许多的故事，这些故事至今仍在坊间流传。

一副木质楹联，高挂在陈李济中药博物馆里，保存至今已逾百年，上面所刻的"火兼文武调元手，药辨君臣济世心"，是"陈李济"的家规，也是一代代陈李济人必须恪守的企业古训，上联以宰相调度文武百官比作阴阳之火熬制药，下联紧接着上联之意，《医说》里写道"药用一君二臣三佐五使"，良医既如良相，药亦有辨君臣，君臣同心，济世兴国。这副对联以“良医既如良相，药亦有辨君臣”的道理规定了陈李济人做人和做药的准则，也明确了一个制药企业和制药人应该坚守的责任和职业道德。

几百年的老字号确实不是浪得虚名的，作为南药的代表，它首创的蜡壳封装工艺曾经引发中药“包装革命”，陈李济制售的蜡壳药丸一度作为“广药”的代名词，远销港澳地区与东南亚国家。近年，“陈李济文化”更入选国家级非物质文化遗产名录，被英国吉尼斯世界纪录认定为“全球最长寿药厂”，其商标被认定为“中国驰名商标”。最有骨气的一个故事，是在抗日战争时期，陈李济人不想让制好的药丸落入日本人的手里，将药丸投入井水中，抗日战争胜利后，工人们从井中捞出药丸，打开一看，意外地发现药丸竟完好无变。

因此，在我国漫长而宝贵的医药宝典中，一直流传“北有同仁堂，南有陈李济”一说。其实据考证，陈李济创建于明朝万历二十八年（1600），比同仁堂还早 69 年，是吉尼斯世界纪录“最古老的正在运营的制药厂”，四百余年不倒。“老字号、老地方、老产品”，这是陈李济人耳熟能详并且香飘四季的一句“三老”名言。“老字号”容易理解，“老地方”是指陈李济几百年始终在北京路这里（近些年才搬家），“老产品”则是指乌鸡白凤丸、壮腰健肾丸等一直延续至今。陈李济之所以能活到 400 多岁，时至今日仍然是一个活力四射的中药企业，常变常新是关键。在陈李济中药博物馆里收藏了一本药书《良药集》，发黄的纸页，详细记载了陈李济冠誉市场的各种各方正药，如参茸白凤丸、千金保孕丸、乌鸡白凤丸、养心宁神丸等，也详细记载了陈李济各个支店的地址和联系方式，包括广州、佛山、上海、澳门、香港及海外的新加坡。中英文的双语文字中，逐步呈现了一个中药国际化的“黄金时代”。由于华人出国谋生，陈李济的产品因质量优、价格廉，且便于携带，被更多的人认识并引销到新加坡、马来西亚、越南、泰国、缅甸、印度尼西亚等国家。清道光六年（1826），陈李济又在广州十三行开设了一个批发行，作为产品输出、洋药原料输入的口岸贸易机构，一下子也成了“睁眼看世界”的典范。民国时期随着铁路、海运等交通方式的发展，陈李济外向型经济也不断发展。1922 年，陈李济在香港皇后大道中 206 号开设香港分行，在卑利街开设制造厂，为发展对外贸易奠定了基础。1935 年又在上海北四川路开设上海分行。抗战爆发后因不便经营，遂将上海分行职员改派往新加坡大马路再设分行。1938 年广州沦陷，陈李济老铺被毁，生产经营移至佛山及其他分行，1942 年香港沦陷时，香港分行又转往澳门开设分行。1943 年陈李济再回到上海。1945 年抗战胜利后，陈李济老铺随即恢复生产。1948 年，更分别在马来西亚和中国台湾等地办分行。所有这些药行，形成了一个跨省、跨国的经济网，生生不息，奠定了陈李济数百载的世间情深。

“俱往矣，数风流人物，还看今朝。”如今的陈李济已逐步发展成一个现代化的中成药制造企业，是“大南药”一板块的核心品牌。愿这守护了四百余年的药香，一直充满生机并能普度众生于长久。

致敬，陈李济!

• 以月光落款

初夏的夜晚空气澄明，灯光布满天空，坐在太平馆餐厅的中央，会觉得灯光如星星贴得很近，散发着清澈的光明，映照着夜晚并不特别黑，一如月亮在朗照着，一切似乎都是透明的……仿若那是童年时的广州，到处都有骑楼、美食在庇护我们的好时光。

中国向现代化“进军”，是在岭南这一海岸登陆的，岭南首府广州更是千年不衰的国际通商港口城市，创造了许多个“睁眼看世界”的第一个范例。而太平馆餐厅，也是中国人开始第一次尝试着中菜西做，从而开启了“张开嘴巴吃世界”的历史，同样意义非凡。正是在这里，剪掉了辫子的中国人，穿着西装品着洋酒吃着牛排的同时，亦为自己开了一扇通往新生活的窗户。回眸一看，已有一百多年了，时光如水，回忆却永存。直到今天，只要一说到西餐厅，老一辈的广州人都会说，在广州，吃西餐，到太平馆。可见，太平馆在传统广州人的心目中不仅仅是一家提供美食的餐厅，更是一个唤起回忆并构建怀旧情感的地方。因为呀，太平馆从诞生之初到如今，一直都是充满故事的。创始人徐老高出生在鸦片战争时期，年幼时，已见广州市沙面内外洋行林立。稍长时到一洋行先当厨杂再当厨工，学到两手后离开洋行做小贩，自煎牛扒肩挑随街叫卖，慢慢地把生意做大，后变成餐馆，经历了一百多年的沧桑后，成了“百年老字号”“西餐第一家”，如今的定位是一间历史文化式的主题餐厅，除了保留原有的特色之外，在装修风格上也加入了不少现代元素。踏入太平馆的门口，就好似进入了时光隧道，彩色琉璃天花、古色古香的屏风、复古玻璃墙灯、金色雕花楼梯、金色暗花墙纸、旧广州照片……怀旧优雅的环境，充满了欧陆风情，百年前的历史文化风貌跃然眼前。

但不知为什么，再一次走进太平馆翻开餐单，看到“总理套餐”和“总理夫人套餐”这几个金红的大字，就不禁联想到为什么不在历史文化的主题中再增添爱情的加持呢？以月光落款的爱情更浪漫甜美动人啊！

都知道当年周恩来总理与夫人邓颖超的新婚茶会就是在太平馆餐厅举行的，当年的菜式有红烧乳鸽、鸡丝炒饭、牛扒和雪糕等，今天依然在热销菜品中。在菜品的创新研发中，餐馆除了找回八位太平馆原大厨，还从香港请来两位西餐名厨为顾客烹制当前最流行的西餐，在保留太平馆六大名菜，如德国咸猪手、招牌乳鸽、烟仓鱼、芝士焗蟹盖、特色咸牛脷、焗葡国鸡，以及长销不衰的“总理套餐”“总理夫人套餐”等特色菜式的基础上，新增加了好多道创新菜式。其中烧乳鸽，太平馆一直以来都是采用自家调制的独特烧汁进行熬煮，首创的“瑞士鸡翼”更成为香港饮食代表性食品，其用多种香料、酱油调制成的“瑞士汁”，连外国餐厅也要模仿，美国、日本、新加坡等外国传媒纷纷报道这个因历史误会而产生的经典佳肴，而烤鸭胸伴蓝莓汁、美利权雪糕等，更让人闻之便食指大动……

但这些所有的佳肴，还是要加上爱情这份佐料才更芬芳动人吧？

总理和总理夫人一辈子的相知相守早已成为佳话，而在人世间，芸芸众生中，谁又不是饮食男女？

世间男女，启蒙之初，青葱岁月，最动心的是祈求爱情，仿佛只有透过爱情，才能看见生命的喜庆与热望，悠悠万事，唯此为大。及至年长，经历了一些风霜雨雪，最易看破的也是爱情，心灰了的会直截了当地问：世上有爱情这码事吗？

是的，爱情是什么？在这个世界上，我们每一个人过着相异的生活，当生活还原到一个基本的状态，所有人的生活又是多么相似：诞生、成长、结婚、生子、老去，走完人生之路。我们也皆能品尝爱情之酒如品尝人生之味，只是或深或浅，有的粗糙，有的细腻。从而对人生拥有了各自的体验，只是或广或窄，有的清明，有的混沌。

日升、月落、风过、星沉，或许爱情来过又走了，但又有什么关系呢？还原为饮食男女，积淀那些生活平凡的记忆，同样也能印证情爱可以长久。

正是在太平馆流光溢彩的卡座上，在周恩来总理慈爱的目光下，听到了几个不同年代的爱情版本，不仅让人会心莞尔，同时让人在夏日的熙和中升起了美丽的想象。

第一个版本是两位华发灿然的长辈说的：新婚宴尔，新郎很快要返回海岛保家卫国，临行前夫妻携手到太平馆吃了一顿西餐，但也是形式大于内容，两人只点了一块牛扒和一碟炒饭分着吃，浓情蜜意已全包含在这一期一会中了。此后五十年过去了，他们一有条件就会再次携手到太平馆，可掐指一算，也就仅仅去了不到五次，平均十年才一次，每一次去，依然津津乐道于总理和总理夫人的传奇，殊不知，他们其实也可以成为今天都市的传奇了。

第二个版本是朋友说的：他和她，典型的外地媳妇本地郎的组合，女生是北国佳丽，貌美如花，而他却话少木讷，虽然仗着是地道的广州仔，鞍前马后地为她做了许多杂事。但女孩子只当是同学情谊，不作他想，看着她周围蝶舞蜂喧，他焦急之余，某天途经家附近的太平馆，便灵机一动，在一个月色朦胧人也朦胧的初夏之夜，请她到了太平馆，细说总理和其夫人的佳话，借此表达衷情，放胆求爱，终于成就一段好姻缘。

最近的版本是一位小同事说的：两人都是“85后”的独生子女，爱得难分难舍的时候却发现在做家务方面两人都近乎“白痴”，且都不愿互相迁就，经常为此吵得天翻地覆，婚姻濒临解体。她想眼不见心不烦，天天和朋友同事拼单外卖或吃茶餐厅。一天偶尔经过太平馆，心想今天就破费一次去吃个西餐吧，一翻开沉甸甸的菜单，眼睛就被那两个名字的套餐吸引了，往日的浓情蜜意纷至沓来，让她百般滋味涌上心头，呆坐半晌，忽然醒觉，匆匆打包了两个套餐，趁着月色赶紧回家，边跑边发了一条信息给他，内容只有八个字：饭在锅里，人在床上。

所有的爱侣和夫妻都曾经拥抱过、热爱过、深情过，为什么有些到最后劳燕分飞，或者郁郁而终呢？大约都是不能以最朴实平常的方式感到快乐，不能长久诚心彼此包容忍耐，用心碰触自己被赋予的生命和珍惜对方的生命吧。事实上，一瓢水、一箪食，每一种日常生活的必需都支持人的喜乐，所有的夫妻最后都要迈入“饮食男女”的境界，久了就不只是爱，还有亲情与恩情。任何婚姻的最后，热情总不如开初的澎湃，最后的象征是那一顿顿的饭热菜香，那袅袅的香气，在空阔平静的生活中缓缓燃烧，让我们逼近时可以体贴地感受，我们站远了，还有温暖，始终是人生不可少的向往。明了这一点，才能“至死靡它”，让爱的诺言开花结果，生生不息。

在太平馆，会看到有三代同堂的顾客在言笑晏晏品尝美食，也有一对老伴儿在此回味他们诞生爱情和见证爱情的地方，有的则是只身一人，恬然缄默地独自坐在一个角落，充满了逸乐之美。特别佩服能独自进餐的人，粗糙的生活，快食的食品，喂得饱肉体，却是喂不饱灵魂的，找一个相对空闲的时间，坐在太平馆中，让心静下来，就在一刹那中回归生命与生活的本源。说到底，生命并非只有痛苦与艰辛，也有优雅与逸乐，也有对于时光流逝、良辰美景以及爱情与友谊的缠绵与轻叹。因为，毕竟每一个人的生命从来不属于他人，从来不是集体性的，你只是你自己，你不代表谁，谁也不能代表你，不同的人对不同的人生观或艺术观都有自己的选择，用一句形象的话说，就是你可以“天下兴亡，匹夫有责”，而另一个人也可以“晚来天欲雪，能饮一杯无”。

有了安静的心，才会想得透彻，这个社会产生了太多太多的东西，而我们，已拥有了不少，足够了，而且很多时候是用不完的，留下一点时间做自己想做的事好了。或者只做天地间的一个人，在黄昏的时候，听听回巢的鸟鸣，看看流云的飞渡，享受哪怕是暂时的清闲。因为这些事情现在已很少人去做了，皆因太阳底下有太多的热闹事，人们总想着就这么热闹下去，弦歌不息，红尘繁华，于是忙碌，于是贪利。少了敬畏心，多了害怕心，什么都不舍得失去，什么都要紧紧抓在手中，殊不知，这会流失得更快。

在人世的波涛中穿行，潮起潮落是正常的事情，风大雨急雾浓天昏也是常常遇到的。更麻烦的是，随着年月的渐增，我们在真实的生活中，自己给自己制造了许多藩篱，甚至用庸碌的胶带把心紧紧地捆绑包覆，于是，我们的心复杂了，我们的热情冷却了，推却了爱的能力，过着完全充满条件，其实是冷漠、迷茫的生活。曾经有灯照亮的心河，并不缺少清澈的流水，两岸繁花盛开，有幸福的青鸟拜访；可一旦心境黯然了，水也浑浊了，花也不开了，鸟也飞走了，到这个时候，不觉得天地寂寞吗——尽管人间繁华。

熟悉而亲和的食物香气，是最能抚慰人的心灵，让人的内心更加熨帖的。高兴的时候，来太平馆吧，它会让你喜上加喜；浪漫的时刻，来太平馆吧，它会让浪漫叠加；苍茫时分，来太平馆吧，它会让人乐活，于清淡平和中体会念想与期待："在短短的今生，这样待我已足。不知来世少年时，我俩还能不能会晤。"

确实啊，在偌大的广州城，在繁华的北京路，太平馆仅仅是方寸之地，但一百多年了，它如那首《见与不见》的诗歌一样，得到了很多人的喜爱：

你见，或者不见我/我就在那里/不悲不喜/你念，或者不念我/情就在那里/不来不去/你爱，或者不爱我/爱就在那里/不增不减/你跟，或者不跟我/我的手就在你手里/不舍不弃/来我的怀里/或者让我住进你的心里/默然相爱/寂静欢喜。

美哉，太平馆！

站成树的模样

四个多世纪了，它似乎一直静静地耸立在广州城的中心地带。“致美斋”的古朴招牌依然在朝阳或夕阳下熠熠生辉。

沧海桑田中，我们的城市是越来越大了，都市化的进程快如闪电，努力前行。多年前，看台湾一位作家对城市的形容，还有惊讶之感，今天再细细品味，反倒心已戚戚然，深有同感了。

满城都是巨楼砌成的街，满街都是高楼，猛地钻进一座楼中，便可霍然发现里面尽是些繁荣的街衢，满城是街，满街是楼，楼在城里，城在楼上，街街城城，城城街街，交织成一片繁茂。

耸拔的楼群，像是一种不需要养分的高茎植物，而交织盘错的马路，则是一种不在乎旱涝的攀爬青藤，带着几分蛮横的姿态，一个劲儿蔓生着，穿过古老的闹区，穿过陌生的原野。各种汽车，便从它们遥远的故乡赶来，成群结队地在上面追逐着。拼命地追逐就是一种特定的意义，许多文明的果实，就是自这追逐中成熟起来的……

所以对于城市的变化，我们是已趋于麻木与处变不惊了，常常经过街角，发现沿街的店面又在拆建，敲敲打打，尘烟纷飞，总是在换招牌，一时百货店，一时餐饮店，一时花店，都不长久的。每次看到，也会怔一下，咦，又换了，刹那间会有惆怅旧欢如梦的感觉。但也仅仅心悸一下，很快又会熟视无睹了，这个城市里，东南西北其实都如此吧？日新月异，时代的脚步走得很快，一错眼，已是“轻舟已过万重山”了，虽然心里都明白“变”是常态，以佛家的说法，刹那间那是一变，快得无从度量，恐怕比一秒还要快些。当然这是象征性的比喻了，透过“变”，佛家不认为人生在任何方面是单向圆满的，“悲亦不久悲，不止于悲；喜亦不常喜，不止于喜”。这就是所谓的无常，所谓的茫然了。而要摆脱无常和茫然，当会有许多办法的吧？

其中之一就是找回儿时的记忆，重逛儿时常去的那些老品牌，去重过一遍“慢”生活吧。人世间变化万千、周流不居，我们可以用“慢”来应对。这和当前的工业化进程中快速发展的人生态度是相冲突的，但对人的全面发展大有裨益。世事激烈变迁，物是人非，像海啸般并不都是好事，有些时候，一成不变原来是那样愉快的事，怪不得中国传说里，有种可怕的鬼叫无常。又说眼见他起高楼，眼见他宴宾客，眼见他楼塌了。可见，变幻诸多，破坏力强，是可怕的、不智的。

所以，每当走到北京路文德路口，看到了“致美斋”，都会有一种“慢”下来的沉思和品味，如水合成天生自然，有着如阿尔卑斯山谷中那一条风景极美的大路上，劝告游人的标志牌上所说的“慢慢走，欣赏啊”的赏心悦目，充分体会到生命四季的流转。虽然作家沈从文说得也不错：“凡是美的都没有家，流星、落花、萤火，最会鸣叫的蓝头红嘴绿翅膀的王母鸟，也都没有家的。谁见过人蓄养凤凰呢？谁来束缚着月光呢？一颗流星自有它来去的方向，我有我的去处。”但在现实中，我们还是先安稳好家吧，总像流星、流萤，何处是安身立命处？

广州人的家里总会有“致美斋”。如果说总有一些美好的东西为我们留住了时间，那这里面铁定少不了“致美斋”，理想的城市模型里，也会有“致美斋”不可动摇的位置。好多外地的朋友初始不明白，以为“致美斋”如“荣宝斋”一样，是墨香飘逸，琴棋书画诗酒风流的地方，殊不知它只是集调味品大全之栈。是啊，想想也奇怪，厨房里烟火缭绕的配角出处，竟然有这么文雅书香气浓的名字？到底是缘何而生？缘何而起？初心是如何？愿望是否达成？真令人遐想万千。也许这一切今天都不可深究了，我们所知道的是，提起“致美斋”，广州乃至广东的老百姓可以说无人不识、无人不晓，美名甚至传至东南亚等地。不仅牌子老、信誉高，其生产的酱油、蚝油、食醋、调味酱、调味汁等调味食品，既保持天然酿造和传统制作的特色，又融合了中西调味品的风味。从明末1608年创建至今，虽有变化，但浓烈的文化底蕴一直未改，恍如我们理想的城市面貌一样，极具灵气与活力，有广阔的空地，有幽深的小巷，有茂密的树林，乃至好玩的街区和别具风味的小吃……这样的城市应该是一个众声喧哗的所在，它虽然时常变化，却总会有些地方、有些事物，令人追思，让人回味。它尊重金钱，却不以商业的繁华作为炫耀的资本，作为终极的追求目标。生活于其间的人则应当是自得其乐，各行其道的，也就是说，每一个人都能在其中找到他的栖身之处和乐活所在，有梦想，爱自由，并有着各种各样的人生可能。生活在其中，才不至于会有着与美好事物交臂而过、追悔不及，“从别后，忆相逢，几回魂梦与君同”的遗憾，而是会带着“万里归来年愈少，微笑，笑时犹带岭梅香。试问岭南应不好？却道，此心安处是吾乡”的淡定从容。

一如我们熟知的“致美斋”。

最早的“致美斋”据说并不是开始就做酱料调味品的，开业时是经营油器（即油条等小食品）、白粥之类的小食店。店址建于当时番禺城内的城隍庙对面，也就是今天北京路街区文德路与中山四路交会处，可以说，它的店址一直未变。这是很难得的，这也是广州城的伟大可贵之处，总有老字号、老品牌坚挺在一代代人熟悉的地方。当年这一带食肆林立，地处码头工人等劳苦大众集中之地，生意甚是兴隆，兼且店铺对面便是广州有名的城隍庙，每天无数达官贵人、贫民大众，都来所求，祈福者众。故以前广州人有句俗语："咁近城隍庙都唔求返支好签？"于是当年的经营者便在经营油器白粥的同时，兼营元宝蜡烛的生意，入息颇丰。

清朝时期，广州对外通商发达，百业兴旺，茶楼、酒肆、小食店之类随之发展较快，经营者后人看准调味品酱料行业有利可图，便即时搞起了调味酱料，专门经营酱油、甜醋、麻油、食糖等调味品生意，经营有声有色，成为广州最老的酱园。清朝京都（北京）宫廷宴会中满汉全席中的拼盘，免不了使用芝麻油和麻酱作调味佐料，而一些有名气的饭店、酒楼也相继使用。酱园老板便别具匠心，为招徕顾客，在酱园面对铺面处专门设置两盘小石磨，请专人磨制芝麻酱，制作芝麻油，并用大铁锅盛载，用葫芦壳提上提下于锅中，震提中使麻油溢出，让路人亲眼看到真材实料的小磨麻油制作过程。香飘四方的麻油，吸引了更多行人驻足观看，争相购买，生意兴隆。"致美斋"名字从此名传省城内外。当时《番禺县志》中便有这样的记载：“然丸散行之陈李济，酱料行之致美斋，酒楼茶室行之福来居，均自开业至今亘一二百年……”

历史的船帆已远远驶离了当初芳香四溢的生活码头，但致美斋的双璜生抽、天顶头抽、添丁甜醋、白酱油、鲍鱼汁、蒜蓉辣椒酱等仍在花城老百姓家的厨房里香气缭绕。提起白酱油，这里面还有一段“古”（故事），恐怕是许多人不知道的。1972年，美国总统尼克松来华访问，与我国政府商讨恢复中美邦交事宜，访问临结束前，他准备在北京举行盛大答谢宴会，宴请我国领导人。宴会菜单中，有一道菜需用白（无色）酱油，而这种无色酱油我国当时未有生产，此时，以致美斋食品厂为龙头的广州调味食品工业技术和信息的先进性，在全国同行中是走在前列的。为此国家急电广州商业主管部门，下达紧急任务，要求在48小时内试制生产出100公斤的白酱油空运至北京。而广州市致美斋食品厂的技术人员充分利用手头的技术设备，通过工艺调整，采用现代脱色技术，通宵达旦技术攻关，终于在不到20个小时内便保质、保量地提前完成这个“特殊任务”。当酱油送到广州白云机场时，从北京来的第一班飞机仍未起航，可以说致美斋为中美关系正常化做出了一点贡献，致美斋不愧是致美斋，小小酱料内含大乾坤呢。

这倒颇切中广州人的性情，从容、淡定、不事张扬却又魅力无穷，特别是那些老品牌、老字号，一直都无怨无悔地保留住了寻常形态和自然形态的纯真与朴素，给森然的中国历史带来了一份水气，一份芬芳，一份温馨，它们固守着寻常形态的人情事理，固守着自然状态的人道民生而自得其乐，也许它们不那么忧患和哲理，不那么豪迈坚定，但却不会无聊地长久地为一些反常的设想激动着、模仿着，诸如怎么成为圣贤？如何做个豪杰？丰功伟绩如何创建？大忠大奸怎样划分？什么叫气贯长虹？如何能名垂青史？……它们更关注的是日常生活的种种情态、普通人的生存状况、世俗风习、人间情怀，对一切作寻常化的处理。本来，这应是一切文明的基础，虽然不见得多么雄刚却永远葆有一种宽容与温柔，并往往会以一种人类学意义上的基元性和恒久性使得生活越来越美好。谁能缺少那些不起眼的酱料呢？它培养了一代代广州人本分之中又带有飞扬的神采，不是说“过尽千帆皆不是”，而是知道自己要的是什么，能要的是什么。别看城市外面流光溢彩、繁花似锦，但在摩登世界历练出来的人，反而最守本分，晓得有哪些是自己的，哪些是人家的，一般不会随便逾越，讲规矩又常创新，以开放的眼光和开放的心态泰然地去看这无穷变幻的世界。

致美斋在北京路与文德路口屹立了四百来年了，真应了那首诗的祈祷：“如果有来生，要做一棵树，站成永恒，没有悲欢的姿势。一半在尘土里安详，一半在风里飞扬，一半洒落阴凉，一半沐浴阳光。非常沉默、非常骄傲，从不依靠、从不寻找。”但愿它一直就站在原地，不见不散，成为我们幸福生活的一个小小密码，不离不弃，从来相知相守，热闹却又恒久。

回见，致美斋！

选自《好嘢，北京路》，广东教育出版社，2019 年版

漂在广州

陈启文

"许多年后，在我早已远离了广州之后，仍会时常回忆起在广州街头的某棵树下静静地品味着早茶的情景，甚至是在品味某一种气味——广州的气味。"

作者介绍

陈启文（1962— ），湖南临湘人。国家一级作家。现任中国作协全委会委员、中国作协报告文学委员会委员。著有《河床》《共和国粮食报告》《命脉》《大河上下》《袁隆平的世界》《血脉》等。

• 一

抵达广州已是深夜，长途客车在城市的边缘停了下来。停在哪里，十几年后我已没一点印象。那条一直载着我奔驰的路，突然就像中断在那里了。

在那之前，广州我已经来过不止一次了，每次都是坐火车，这次是坐长途汽车来的。我想通过另外一条路更仔细地看看这个和湖南只有一山之隔却像分属两个世界的地方。1993 年京珠高速还在纸上，从湘西到长沙，再从长沙开往广州，107 国道沿途都在修路。客车开过南岭之后，车辆一堵就是一两个钟头，有时还不得不从粤北山地的县乡公路上绕行，这一路上竟走了两天一夜。印象深刻的是，广州并不能代表整个广东，广州以北的曲江、英德、清远境内那些贫瘠而苦寒的山乡生活景象是一望伤目的。但耳畔时时都会响起开山炸石的轰鸣，这轰鸣声既让人惊恐莫名又奇怪地激动人心，给那些穷愁潦倒的山乡带来了一阵阵震撼的力量。同湘西那些沉默的大山相比，广东毕竟是广东啊。

下车时我满身都是尘土。车灯射向一片如潮汐般低声吼叫的噪声，仿佛想用眼睛来探测一座大都市的深度。在亮光里攒动的都是小旅馆里来拉客的男人女人，为了争抢客人，就像为了争夺俘虏而打仗似的。我感到自己一下子被四面八方伸过来的手紧紧拽住了，他们都大声叫喊着，暂时我还听不懂他们极其古怪的语言，只觉得那一双双紧拽着我的手，正把我拉向不同的方向。我也在拼命喊叫："我有地方住，听见没有，我有地方住！"

一个人在广州有个地方住，那臂膀无形中就显得十分坚强有力。很快，我就突出了拉客者的重围，迅速叫上一辆的士，直奔我的住处。而在我的身后，那些和我一辆车坐过来的人或坐着不同的车在同一时刻来到这同一个地方的人，他们最终将会被命运拽向哪儿，是我永远也不知道的了。那声音已经离我越来越远，既真实又虚幻，没人能说清在 1993 年的那个深夜有多少茫然的生命在这座大都市的边缘沉浮、挣扎、呻吟。

后来我大致知道了，在漂向广州的无数外省人中，基本上可以分为两类，一是像我这种，因种种原因离开了多年赖以乞食的单位来沿海地区打拼的，更多的则是从各地涌来的打工妹打工仔，广州只是他们短暂的中转站，他们会在那些廉价的小旅馆里住上一晚，做个好梦，等到天一亮，又将漂向更远的天边。或许，他们才是真正意义上的漂泊者，不知从哪里来，又不知会漂向哪儿，甚至从来没有仔细想过，过了这一晚，下一晚又该在哪儿栖身。我在广州住下后，就时常看到那些睡在街边上、车站广场里或像幽灵一样趿着鞋在夜晚的城市里慢腾腾地走着的他们，光着脊梁，纷乱的长发抖动着，眼里透出流浪汉特有的绝望而又凶狠的神情。他们走得悄无声息，却让你生出莫名其妙的恐惧。一个人大喊大叫反倒不会让人感到某种危险，可怕的是他们以沉默的方式面对这个世界。

同他们相比，也许我更接近一种精神意义上的漂泊。在这座大都市的中心，我有自己的住处。我在广州的第一个住处是区庄，九楼的一套三居室，这是广州某著名出版社的宿舍。虽然我只能住其中的一间，但可享用它宽敞的客厅、厨房和卫生间。另两间房子是出版社专门用来接待客人的，但客人不多，大多数时间整套房子就我一个住。那两间房子虽然上着锁，但我有办法把门巧妙地弄开，接待我自己的客人。那时我真的感到太幸福了，不要水费，不要电费，不要房租费，出版社还安排了专人，每天在我离开房间去上班时，把房间打扫得干净整洁，我的被套床单每半个月一洗一换，一点也不用我操心。然而，一到夜深人静时，我便真实地感觉到了自己也是寄居于这座城市的一个客人，在这座城市里，我没有家，没有亲人，没有户口，没有这座城市颁发给我的身份证。我在自己的国家、别人的城市里暂住。我来到这座南方的大都市，原本是想重新活一遍，实在想，可我持有的还是湖南某个地方的身份证，那才是我真实的身份。

在广州的几年里，我从来没甘心像一个外省人那样漂在广州，我一心只想融入这座城市，沉下来，哪怕是成为这大都市里的一粒沙子。但语言首先构成了我和这座城市的一道障碍，这倒不是因为广州白话特别难学，我有几位外省来的朋友，他们都能讲一口流利的白话了，可广州人还是把他们当成了外省人。他们在清醒的时候把自己当成广州人，在喝醉了或做梦时又把自己当成了外省人，他们的醉话和梦话里没有半句白话，只有他们故乡的方言俚语，这才是他们最真实的语言，或许也是他们思考的语言。当他们以流利的白话同广州人周旋应酬时，我感到他们身上有了一座大都市所应有的气度，那么机智，那么高贵，那么优雅不凡，而当他们一旦在酗酒后胡言乱语或在睡梦里磨牙时，我立刻就想到了那些在街边和车站广场胡乱地睡去的打工仔打工妹们，他们的骨子里和这些人是一样的。

我因此而放弃了学讲广州白话的打算，或许我应该学会一口纯正的普通话——国语，骄傲地、一点也不含糊地把我的心里话清楚地表达出来。

• 二

我上班的地方位于东山寺右一横路，我所在的那家出版社的发行部位于那条路的尽头。

我所在——只因我是一个聘用人员，我不敢说我供职于那个单位。尽管社里以正式文件的形式给我任命了一个中层业务管理人员的职务，但我知道它的“临时”性质，我的组织、工作关系，我的人事档案，尚在离这座城市十分遥远的一个地方。这意味着我的人生已隐含着某种“断裂”，这使我的身份也变得很可疑甚至十分暧昧：我拥有这座城市颁发给我的工作证，但没有它颁发给我的身份证。这让我内心深处十分失落，我究竟属于哪里？

发行部占据了整整两层楼。

楼上，写字楼，白领；楼下，仓库，蓝领。楼上楼下，隔着的不只是一层楼板，而是两个世界。站在楼下，可以看见楼上窗台上的鲜花，挂着窗帘的明亮窗户，还有空调；而在楼上，偶尔从窗户里探一下脑袋，就可以看见楼下那些下苦力的汉子，卸车，装车，把一捆捆书，打包，装进编织袋，然后用双手使劲地扳起来，一个大背跨，肩膀猛地抖了一下，腥臭的热汗直扑脖子。这时你才感到，书原来是如此沉重的东西。

只在看到此种情景时，我才为自己在楼上拥有一张办公桌而深感庆幸。我知道，在楼下这些下苦力的人中，大多就是那些外省来的打工仔。有一个四川来的小伙子，姓贺，只要有一小会儿喘息的工夫，他就会擦干汗水，用粗粝的大手捧起一本什么书，就那么偏着头看，两只脚向前叉开，汗从解放鞋里漫出来，那么多的汗，他坐在自己淌开的汗水里，读得那样入迷，那神态，就像那个时代里的最后一个读书人，竟奇怪地让人感到一种读书人所特有的尊严。这是我在广州的一个深刻记忆，一个外省人给我的深刻记忆。

那时，我这个所谓的“文人”眼里已看不进一行字。我上广州来，一开始就不是为了当文人，而是为了当商人，那时我格外渴望中国这座最有商业气息的大都市把我制造成一个精明的商人。离开湘西，确切地说离开张家界时，我至少有三条路可以走，一条是去深圳一家出版社编刊物，一条是去山东泰山的一家旅游文学杂志社，再就是来广州，来之前我就说好了，干发行，如果干编辑我就不来了。现在想起来，我不知道那段时间怎么对文字那么讨厌，可能是刚惹了一场文祸还心有余悸吧，我被那些更会玩文字的人暗算了。我宁可贩书，也不愿编书，更不愿意提笔写一个字，那墨写的文字只让我感到阴郁而悲哀。

或许看我是个外省人，又戴着眼镜，小贺常拿了书上的疑问来向我讨教。他告诉我，他原本是可以去一个工资更高的饭馆里打工的，可一听说这里是卖书的，就毫不犹豫地来了。他念书念到了高二，只差一年就要高考了，可家里太穷，实在念不下去了，可他还想念。他的话我听得懂，是那种没受过任何语言污染的干净的四川话，就像他本人一样经历单纯、心地透明，我却佯作没听懂他的话，内心里其实有一种十分阴暗的东西，不想同这个打工仔挨得太近，我这个外省人，已经属于被真正的广州人用余光打量的那一种了，我怕自己被人也当成一个打工仔而受到双重的歧视。我那时的心情就是那样乖戾、复杂。这个复杂或许与随着时代变化越变越复杂的社会关系有关。我的冷淡，或故意的答非所问，让小贺总是使劲地睁大了眼睛。他不谙世事，真的很单纯，对另一个人心中所有的复杂，显然难以理喻。他或许以为我真的听不懂他的话，垂头丧气地走了，而我，只能眼睁睁地看着他离去。隔着一层楼，一扇窗户，我时常会听见仓库主任冲他吼叫，问他是来搬书的还是来念书的，叫他别把干净的书弄脏了。这时候小贺总是一声不吭地拼命干活，他力气大，别人一次搬一包书，他一次搬两包。看那样子，就像要付出双倍的艰辛，来为他看了几行字赎罪。每晚下班，小贺都是最后一个走的，连那些洒落在地上的纸片，他也要拾起来看。纸片儿上踩满了脚印，他伸出被劣质香烟熏得黑黄的手指，把粘在文字上的泥垢剥开了，还是那么偏着头，久久看着。

这一看书的形象在他身上牢不可破。十多年后，小贺已在广州大沙头开了一家自己的书店，也算混出一番人模人样了。我差点认不出他了，浅灰色的西装，笔直的裤线，笔直的腰，远远的，向我伸出一只手，黄昏的阳光，从他身体的一侧映入，把那只手照得一片光亮。而从他嘴里脱口而出的，竟是一句很标准的广州白话，已经听不出一点儿外省人的口音。

不知怎的，我的嘴角竟下意识地颤抖了一下。我在广州打拼了几年，最终还是离去了，他，一个打工仔，却渐渐在这里站稳了脚跟，现在，他已经在广州买了房子，落了户，有了这座城市颁发给他的身份证，还娶了一个广州妹为妻，膝下还有了一个天真顽皮的儿子。他妻子、儿子满口广州白话，这是这座城市的语言，也是他家里的语言。我不知道他是否已经真正融入了这座城市，但在广州至少有一个真正属于他的家了。唯一不变的是，他还是那样喜欢看书，就那么偏着头，久久看着，在自己开的书店里，他可以站在书架前看一整天。没人会再说他把干净的书弄脏了，这是他自己的书。

• 三

广州的生活节奏很快，但丝毫不乱。我到广州那年三十一岁，参加工作已十多年，这十来年教过书，在文化馆、文联搞过专业创作，后来又到湘西的张家界编杂志，事儿没少做，却从未形成明确的上班、下班概念。由于我的自由散漫，二十多岁时就有人开玩笑，说我是中国最年轻的退居二线的干部。

来广州后我的生物钟突然上紧了发条，每天早晨六点我会条件反射般地准时醒来，半个小时后走出宿舍，下楼，过环市东路人行天桥，走农林下路，转中山一路、达道路，一路步行，七点半钟就到了我上班的东山寺右一横路，还有足够的时间让我来尽情品尝广州的早茶。广州的早茶十分丰富而且极对我的胃口，即便在那些街边的露天小排档上，也不缺少我想要的那种宁静而闲适的氛围。在这里，每个人都像是优雅的绅士，抽烟喝茶都进行得极其缓慢，是一种典型的消磨时光的做法。也有在谈着什么的，显得非常神秘，你甚至会觉得喝早茶这件事情本身也显得非常神秘。这段时间也的确是广州最宁静的一段时间，你甚至会看见鸟群无声地从头顶上空飞过，然后消失不见了。各种新鲜的带着露水气味的芬芳，若有若无地飘过来，很淡很淡的。这时候，所有的人都一言不发，感觉有种什么东西正飘然而至，深入人心。许多年后，在我早已远离了广州之后，仍会时常回忆起在广州街头的某棵树下静静地品味着早茶的情景，甚至是在品味某一种气味——广州的气味。

现在，我所在的这座洞庭湖畔的城市，一些大宾馆里也可以品尝到广州早茶，但总是品咂不出那种纯正的味道。这不能完全怪厨师手艺不行，可能与水土有关，甚至与气候有关，喝广州早茶，你脱离了广州那个具体环境和特有的氛围，总觉得隔着什么。

中午一餐饭是在发行部吃的，免费的午餐。广州的许多单位都提供这种免费的午餐。我在那里时，经历了两位厨师，都是地地道道的广州人。前一位是个五十左右的大婶，很是利索精干，印象深刻的是她做出来的例汤，特别好喝，汤里浮着的生菜，嚼着时，发出清脆新鲜、饱含液汁的声音，这使我们的午餐充满了欢乐。这位大婶后来却被辞退了，原因是食堂里丢了什么东西。丢东西的那天早晨，门和锁都好好的，窗户上也没人撬过的痕迹。我们头儿也并没说是她“偷”了，只让她把工资结了，走人。她也没说什么，结了工资，还做好了那天的午餐，她才离开了灶台，拖着疲惫的身子朝门外走，两眼里充满了无限悲凉的幽怨。那一刻我突然十分伤感，我知道她又得为了生计而努力寻找工作，广州人也不容易啊。

在她走了几天后，那些丢了的东西又被人在厨房里找到了。这位大婶枉担了一个贼名，可在走时竟没有为自己分辩一句，这更使我感到了她身上一种潜在的气质，一种徒忍徒屈的精神。在广州的几年里，我也的确很少看到为自己鸣冤叫屈的广州人，他们的忍耐让我感到他们内心的强大。而我，是受不了一点小小的委屈的，我从内地来到广州，是因为受了一点小委屈，我后来从广州又回到内地，还是因为受了一点小委屈，我那貌似强悍的性格，同广州人一比，真是脆弱得不堪一击。

那位大婶走后，发行部没再请厨师，让楼下门房守传达室的大爷搭着干。这老头一人干着两个人的活，却没加工资。好像也没什么怨言，即便有怨言，我也听不懂，他除了广州话，什么话也不会说，也极少说话。传达室在楼下，厨房在楼上，每天只看见他一会儿楼上一会儿楼下地忙活着，不声不响地就把饭菜做好了，味道虽然不如那位大婶，可大伙儿吃着还挺香，因为那省下的一份工资，可以给大家多发点儿奖金。我们吃饭时，老头儿端庄地坐在一旁，脸色苍白清癯，手里捧着个水烟筒，叽咕一声，嘴里冒出一股烟。他舒服地哼哼着，好像有一股特别舒服的感觉弥漫到了全身。我受这感觉的刺激，要了他的水烟筒，猛吸一口，又“啊”的一声吐出，果然十分舒服，似乎释放了无数快感。我想，这老头憋在心里的所有委屈，也是这样一口一口地吐掉的吧。但我还是替他抱屈，找个机会给头儿说了，我觉得多少也该给老头加点工资。我们头儿却笑了笑，说：“你以为老头会在乎这几个钱？你太不了解广州人了，他家里有的是钱哪，最少也是个百万富翁。”

“什么？百万富翁？”这太令人感到意外了，我迅疾地看了头儿一眼，又失态地大笑起来，一个百万富翁会在这里蹲门房守传达，打死我也不相信。然而事实就是事实，没过多久我就知道了，这老头家里仅供出租的门面就有三个，年收入就有几十万，儿子还在内地开了一家工厂，家资何止百万？老头的确不在乎那几个小钱，后来真的要给他加薪时，他谦逊地推让了，说他现在的工资已足够他花的了。他的确不在乎那几个钱，那他在乎的到底是什么呢？或许他只在乎力所能及地为这座城市做点什么，以诚实的劳动和谦和忍让、善解人意的平常心去获得一种平常的尊重。对于广州和广州人我的确还太缺乏了解，很难真正穿透这座城市的表面，发掘到它的内在本质。

· 四

广州培养了我泡吧的习惯。至今我还想念天河宾馆那间不大的像船一样狭长的酒吧，窗外就是一个花园。窗户都开着，夜晚湿漉漉的花香如层层细浪般涌来，在钢琴的伴奏下时常会给人身在隔世的感觉。

酒吧里看不见小姐，只有朋友，这样才可能让你把话题和思考不断深入下去。来这里悠悠打发夜晚多余时光的大多是文人、编辑、作家、诗人。他们在城市夜晚的寂静一角，谈构思，谈选题，谈一些同城市距离比较远的事。我所在那家出版社许多后来引起广泛影响的图书选题，最初就是在这样宁静的酒吧里开始酝酿的。也有一些作家，干脆把稿纸或笔记本电脑拿到了酒吧的桌子上，空气中充满了新鲜的浓酽的啤酒的香味、咖啡的香味，这使他们的感觉变得相当敏锐，也使孤独而单调的写作有了一丝生命的暖意。

据我所知，广东出版界是全国率先实行策划编辑制的，一个策划编辑从选题开始一直到发行的终端都要全程跟踪负责。像我们发行部，除了一位从省新华书店调来的副社长主管发行，其他几位大区发行经理原本都是社里的编辑精英。我在内地也是干编辑的，来广州后，不但要分管西北西南、湖北湖南十省区的业务，而且很深地介入了图书选题策划。每次召开选题会，社长（也是总编辑）都要亲自点将，让我去作主题发言，这一度让我陷入了非常尴尬的境地。我发现这里的管理方式和内地截然不同，它不是按照程序化的轨道运转，如果是在内地，去做这个主题发言的只能是我们发行部的头儿（主管发行的副社长），不知别人如何想，反正我是有点诚惶诚恐，但我的婉言谢绝，又会招来社长的批评，我也就只好硬着头皮去适应他的规则。我后来离开广州，这种不适应是其中的原因之一，在我尽力适应的过程中肯定在某一个关键的地方出现了差错。

其实，我更愿意待在这样的酒吧里，一边喝着散发着麦芽清香的鲜啤，一边和编辑、作者交换我对选题的看法，在这里，甚至可以消除一些猜疑和误解。社里的另一位业务主管老温，是恢复高考后中山大学中文系的第一批高才生，和北京大学著名学者陈平原是同班同学。老温是从编辑部主任的位置上调到发行部来的，比我来得早，他一开始对我抱有十足的偏见，以为我是来抢他的位置的。事隔多年之后，我在这里老实交代，社里当时把我从湖南聘来，的确有换“将”的想法，是我婉言谢绝了，我想先熟悉一段情况后再说。尽管老温那段时间对我横挑鼻子竖挑眼，我还是发现此人身上有许多我远远不及的能耐和优点，发行部可以没有我，但不能没有他。这话我当然没跟他说，但跟社里的许多领导说了，就在这样的酒吧里。这里没有火药的味道，但有很浓的人味儿，也的确是一个可以说说人话的地方。

直到今天，我也不知道老温知不知道我在这间酒吧里对他的评价，但至少在后来的许多事中，老温开始正视我这个外省人的人格，而且成了我最好的朋友。在精明的广州人面前，你最好别玩小聪明，和他们交往不但要有胸怀，更要有赤子情怀。他们的精明，表现在他们的嗅觉与视觉高度敏锐，你来到这座城市，意味着你就要对这座城市完全敞开胸怀。这是我在这座南方大都市里获得的最重要的人生经验。

广州和别的大都市一样，对外省人同样抱有一种偏见，甚至是歧视，总觉得你是穷地方来的穷人，你是到广州来揾食（混口饭吃）的，连街上那些摆摊的老太，一听你操着满口的外地口音，看你也是一种睥睨的眼神了。生活在广州的确要有坚强的神经，她异样的目光考验着每一个外省人，尤其像我这种清高而脆弱的所谓文化人。

这可能与外省人给广州留下的恶劣印象有关。我在广州先后买过三辆自行车，一辆是刚买回来就被偷走了，一辆是半个月后又被偷走了，还有一辆是被所谓朋友借去后没还。这些小偷和“朋友”都是外省人，这也难免让广州人对外省人十分瞧不起。要让广州人消除对你的偏见，你不但要有足够的人格力量，还要与他们肩并肩地保持步调一致的姿态，从头开始学会忍受，学会诚实，学会谦让。在人多的地方不是一个劲地往前挤，先要学会让出空隙，在受了委屈之后先别急着解释，而是另外做一件事让他们看看，而且不要担心他们看不见。广州人一旦认可了你，也就一辈子认可了你。比如说老温，每次到湖南来，再忙，也要上我家里来看看，看见了我老丈人，给一百元，看见我母亲了，又是一百元，看见我孩子了，给两百元。他并不是为了摆阔，看他的眼神就知道，那里透着对你的全部友情和真诚，每次我都在亶重地叹了一口气之后更加深刻地感觉到，广州人是比我们更有人情味的，更有一种尊老爱幼的人伦美德。一次听说我要去广州，老温弄了几只大闸蟹养在家里，后来我改变了行程又未及时告诉他，这大闸蟹死了两只。他扔掉死蟹时不停地叹气，而我也没作什么解释。在广州人面前，任何解释都是多余的。他认可了你，他就觉得你的任何失信都是有原因的，至少是可以原谅的。从这件琐细的小事上也见出广州人的心性与气度。

· 五

我一度把广州视为文化沙漠，但很快我就发现这是外省人的偏见。

广州有那么多著名的报刊，或是先锋文学的前沿阵地，或始终不渝地坚守着人文精神与良知，或以无畏的理想主义精神显示出中国最强大的媒体力量，这样的报纸杂志，放在内地的任何一个省份都不可思议。当内地的许多纯文学刊物被廉价地出卖给商人时，广州却成了除北京、上海之外的另一个文学重镇。广州除了本土滋养孕育出来的优秀作家，还有许多外省来的作家，这是因为，它为纯文学创作赢得了足够宽阔的自由度。

即便在广州的酒吧里，你也很少看到那些与世无涉超尘出世一味清谈的高蹈者。在内地倒是可以看见这种毫无实践能力和行动能力的大小“知识分子”，满嘴的良知却不能主持最起码的正义。而这正是我们今天大多数文人的精神状态：消极与退缩。广州很少有这样的文人，他们都是一种随时准备出发的姿态。我所在那家出版社的资深编辑老林，就是这样一位。他也住在区庄宿舍区。这个人没事了就穿着被汗水浸黄了的大背心和一双厚厚的木板拖鞋在环市东路的边缘游荡，也时常爬到九楼来，一边喘着粗气，一边跟我谈鲁迅。这位从广东阳江走出来的赤脚医生，那时已是全国知名的鲁迅研究专家，他研究鲁迅，不是从学问开始，而是从鲁迅的精神源头着手，然后渗透到更广泛的人文领域。十多年后的今天，老林已是一位在知识界拥有更大发言权的自由知识分子，但那时他也陷入了苦闷和彷徨的境地。一方面他因许多重要图书选题的成功策划而获得了出版社的重奖，另一方面他以更独立的意志著述或编辑的许多更有价值的读物却没有几个人买。那时他格外渴望有一个自己的精神园地，并且已经开始着手办一份全国性的报纸，或许在他眼里我还不算俗物，他恳切地邀请我加盟。但我碍着我所在那家出版社的情面，毕竟是人家先把我聘来的，多少怀着一种“士为知己者死”的感念，也就没有答应，只是给他推荐了一位干发行的朋友，去助他一臂之力。报纸不久就办起来了，但没办多久就无疾而终。根本问题是定位不准，报纸是大众媒体，有一个强势的文化板块可让它如虎添翼，但如果完全是人文精神方面的内容，那是注定要失败的。

广州永远不会嘲笑失败者，区庄一侧的黄花岗烈士陵园埋的几乎全是失败者。老林虽然失败了，在我看来，他却是最像广东人的广东人，他以失败的方式完成了自由知识分子的一次实践，这比那些永远都不会失败的高心空腹之论者更让我尊敬。即便那些开店设档做小买卖的广州人民，在打开店门之前就先做好了失败的打算。广州人不像我们一开始就盘算着要赚多少钱，而是先预算好可能要赔多少钱，有没有可能赔掉身家性命。他们有自己的一个底线——失败的底线，他们也就比我们更能经受住折腾，因为早就有了心理准备。我的朋友老温去年赔掉了几十万，欠了别人一屁股债，每晚还开着车到处去唱歌。

我时常在心里把广州和深圳作比较。在我的想象中深圳应该是一座天真未凿的城市，然而她给人的第一个感觉却是生猛海鲜，在你感觉这座城市的年轻气盛时，同时也感到了她的年轻浮躁，成长的快感大有淹没一切之势，每一个角落里都充满了潮流带来的泡沫。

从一开始她就不是广东人的城市。在持有深圳居民证的上百万人口之中，只有极少的人以白话、客家话为母语。深圳是除北京之外另一个在语言上最接近标准汉语发音的城市，这座城市里没有对外省人的歧视和偏见，海纳百川成为一种集体意识，每个人的躯壳之中都有一个热烈而冲动的灵魂。一个人没有创造的激情没有奔放的热情，是不会来到深圳的，他们只会在自己的故乡恋恋不舍地一直住到老死。从四面八方涌来的人共同创造了深圳这一制度化的杰作，她更多的不是作为文化环境，而是作为制度的强有力的证据。

但深圳的文化并不像我想象的那样芜杂，她到处弥漫的现代气息以及那种一味追求时尚的价值取向，使她成为一个最具国际化的移民城市，连非洲黑人住在这里也没有远离祖国的感觉。你在这里绝对没有精神局限。深圳有一大批靠写作为生的自由作家，他们都以深圳民俗文化村和世界之窗的精神姿态进行写作，这两处风景是深圳制造的“民俗”和“世界”，视野开阔但根底很浅，却没有人不交口称赞：很洋气，很美。可惜的是，这人造的风景里很少的一点文化内涵也被稀释得了无痕迹。深圳的作家们也很少回溯自己的精神源头，在他们的作品里也很少看到有失败感、挫折感的文字，每一个文字都简捷、明了，油漆光亮。

在我决定离开广州时，一度萌生了去深圳做一个自由写作者的想法。那天，我一个人在黄花岗烈士陵园待了一整天，我感觉这就是我在广州待的最后一天。漫长的夏日，太阳把一切东西都晒得冒了烟，一切都像在这热气中飘飘摇摇的。这也是我在广州几年来的真实感觉，我一直未找到进入她的方式，一直是在这座城市漂着，落不到地上。

最终，我没去深圳，而是登上了北上的列车。那时我已经老大不小了，我得为自己的生活找到一个坚实的底部。广州，也因此成了我生命的一道深深的印痕，把我的一生隔成了两大块。对于广州，或许我只是一个失败者，一个匆匆过客，但我感到有许多难以言说的东西渗透了自己，她的沉潜与隐忍，她浓烈馥郁的人文意蕴和独放异彩的城市景观，她深情的召唤和对你意志的磨炼，都已深深地渗透进了我的生命，一直渗到心的尽头。尽管我最终未能找到让自己进入这座城市的生命通道，但在远离这座城市之后，我依然觉得离她很近。

或许，一个曾经在广州生活过的人，和一个从未到过广州的人，生活的意义是完全不一样的。

选自《作品》2006年第3期

图书在版编目（CIP）数据

文学里的广州．散文 / 江冰，吴琪编．— 广州：广州出版社，2023.8（2023.9重印）
（读懂广州）
ISBN 978-7-5462-3509-7

Ⅰ．①文⋯ Ⅱ．①江⋯ ②吴⋯ Ⅲ．①散文集－中国－现代 ②散文集－中国－当代 Ⅳ．① I217.1

中国版本图书馆 CIP 数据核字（2022）第 179761 号

书　　名　文学里的广州・散文
　　　　　Wenxue Li De Guangzhou Sanwen
出版发行　广州出版社
　　　　　（地址：广州市天河区天润路 87 号 9 楼、10 楼　邮政编码：510635）
责任编辑　田宇星
责任校对　窦兵兵
责任技编　刘雁明
装帧设计　洪　卫　潘焰荣
印刷单位　广州市岭美文化科技有限公司
　　　　　（地址：广州市荔湾区花地大道南海南工商贸易区 A 幢　邮政编码：510385）
规　　格　787 毫米 ×1092 毫米　1/32
字　　数　203 千
印　　张　9.375
版　　次　2023 年 8 月第 1 版
印　　次　2023 年 9 月第 2 次
书　　号　ISBN 978-7-5462-3509-7
定　　价　45.00 元

鸣谢

本书出版得到以下单位和个人的大力支持：

广州市文艺评论家协会；
广州博物馆；
广州艺术博物院；
广州十三行博物馆；
广州日报社；
中央广播电视总台播音指导陆洋；
新疆广播电视台播音艺术指导李亚萍；
北京广播电视台节目主持人、节目监制白钢；
广东广播电视台康毅工作室制作人、首席业务指导康毅。

特表谢忱。

联系作者声明：

本书系所选的部分作品由于年代久远等原因，无法与作者取得联系，我们深感不安与歉意。如您发现本书系中收录了您的作品，请与出版社联系（电子信箱：gzcbs01@163.com），我们将按规奉上稿酬。